現代社会学ライブラリー 6

社会(学)を読む

若林幹夫
Mikio Wakabayashi

Library of
Contemporary
Sociology

弘文堂

社会（学）を読む｜目次

第1章 社会学をする、社会（学）を読む……………7
1. 社会（学）を書く、社会（学）を読む
   社会学すること、読むこと、書くこと
   書き読むこと、語り聞くこと
2. 見田宗介『現代社会の理論』
   『現代社会の理論』
   社会学の言葉
3. テクストと教科書
   教科書と、教科書でないテクスト
   棋譜としての書物

第2章 「社会」と「社会学」
──書物と知の生態学……………19
1. 書店のなかの「社会」と「社会学」
   書店を覗いてみる
   「社会についての本」
2. 書架の分類学
   大規模書店と図書館の棚
   理論と対象
   いかがわしい学問
   〈社会学の本〉
3. 〈社会学すること〉のフィールド
   何が越境するのか
   書物というフィールド、社会というフィールド

第3章 ミステリとサラダとアドルノ……………31
1. 〈全体〉を読む
   地下鉄の中のブラームス
   本格派推理小説を読み、サラダを自分で作る
   書物の構造
2. 構造として読む
   内的な合唱と外的な合唱
   音楽の近代と社会の近代
   時間と貨幣
   「分からなくてはならない」ということではない

第4章 パサージュの遊歩者のように………46

1. 『パサージュ論』
    部分と全体——テクストと社会
    『パサージュ論』の"構成"（？）
2. パサージュと遊歩者
    「全体」はどこにあるのか
    外延なき全体、外側のない家
3. 部分から読む
    注意分散
    全体と開かれ

第5章 1849年の人類補完計画
——清水幾太郎『オーギュスト・コント―社会学とは何か』………58

1. 社会学の「起源」
    社会学とは…
    創始者にして教祖
    清水幾太郎『オーギュスト・コント』を読む
2. 人類教
    廃墟から
    実証主義と社会学
    人類教
3. 社会学のただ一つの問い
    連帯とコミュニティ
    社会とは何か

第6章 共同体と社会の"ねじれ"………72

1. コミュニティへの問い
2. シカゴ学派都市社会学の「奇妙さ」
    「都市社会学」との出合い
    「社会」なき社会学？
3. なぜそう語るのか？——"やむにやまれなさ"を読むこと
    生物学としての社会学
    「社会」のない〈社会〉
    書き手の場所で読む

第7章 『プロ倫』のふたつのコーダ……84
1. 『プロ倫』とは？
    - 古典中の古典
    - 近代の起源を求めて
2. 二つのコーダ──心情なき享楽人と学問的禁欲
    - 最初のコーダ
    - 予言と戒め
3. 終わりと始まり
    - 本当の終わり？
    - 本の終わり、学問の始まり

第8章 照らし合う言葉、映し合う社会……96
1. チューリンガ
    - 「レヴィ＝ストロースはチューリンガを……」
    - 御存じの通り……
2. 知、参照、引用
    - 典拠を遡る
    - 注、引用、参照
3. 複線と重層
    - 歴史的過去と神話的過去
    - 鏡のある部屋の世界図

第9章 書物の時間性と社会の時間性……108
1. 古い本、新しい本
    - 「もう古い本なんですが……」
    - 「今、なぜ」という語り方
2. 「新しさ」という制度
    - 現代社会論
    - 時間のスケール
3. さまざまな時間、さまざまな社会
    - 社会の時間の波長
    - 社会は古いか、新しいか
    - 多層性と多様性

第10章 都市の"重なり"を読み解く……………121

1. 諸層を読み解く
2. 都市の読み解き方
   生態系としての都市
   交響曲、詩、都市
3. 解剖標本と生きている社会
   都市の様々な定義
   社会学の手段と目的
   生きている社会／生きられた社会

第11章 物と交通
――社会の物質性、物質の社会性……………133

1. 物質と社会
   自然から愛まで
   社会の物質性、物質の社会性
2. 間にあるもの
   橋と扉
   見えない橋と扉
3. 電気的に拡張された人間は集合知の夢を見る
   電気の時代
   意識と存在

第12章 本の境界、本という境界……………146

1. 情報と果実
2. 本という物
   声と文字
   読むことの身体性、本の物質性
3. 本という境界
   社会学の鍵
   本の時代の終わり？

あとがき……………157

第1章 社会学をする、社会(学)を読む

1. 社会(学)を書く、社会(学)を読む
社会学すること、読むこと、書くこと

〈社会学すること〉の中心には、社会学の言葉を読み書きすることがある。

ここで〈社会学すること〉と言うのは、社会学者が調査や研究をしたり、論文や本を書いたりすることだけを指すのではない：

——大学生が社会学を学び、ゼミなどで報告や討論をし、レポートや卒論を執筆すること。

——一般読者を含め、特に社会学を専門にしているのではない人が社会学の本を読み、それに導かれて社会学的に考えること。

——ようするに、社会学を学び、社会学を道具として社会の現実と何らかの形で向き合い、それについて調べ、考え、社会を理解しようとすること。

こうしたことも含めてここでは、〈社会学すること〉と呼んでいる。

社会学者の調査研究では、調査票で調査をしたり、現地でインタビューや観察をしたりといったデータ収集の作業があり、集められたデータを整理・分類・処理する過程があり、それらをどう理解し解釈するかを検討する過程があるが、そうした作業もまた言葉によって行われる。「観察」という視覚を中心とする調査や画像データの処理・分析・解釈なども、言葉によって分析され、解釈されることなしには、社会学の世界に適切な場所を占めることができない。

そして、そうした作業を行うためにも、社会学者は他の社会学者の仕事=作品を読む。

社会学者ではない多くの人たちにとって社会学は、社会学者が書き、あるいは語った言葉として現れ、それらを読み、聴くことで、そうした人たちは社会学を知り、それらの言葉を理解することで社会を——社会学が理解する社会を——知る。

社会学者は社会学の言葉で社会を読み解き、それを社会学の言葉で書き、語る。そして読者はそのように書き、語られた言葉として社会学を知り、それによって「社会学から見た社会」を読む。

図1 社会、社会学の言葉、社会学者、読者の関係

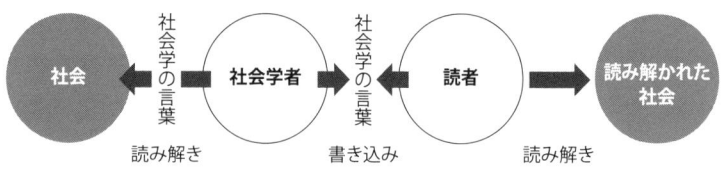

書き読むこと、語り聞くこと

言葉は、書かれ、読まれるだけのものではない。人類史の中で言葉は、書かれ、読まれる以前にまず、話され、聞かれるものであった。だが今日、社会学だけでなく多くの学問の中心には「書かれた言葉」、しかもその学問において特化した言葉がある。

もっとも大学で社会学を学ぶときには、本や論文を読むよりもまず、教室で教師が話す言葉を聞く方が先という場合がほとんどだろう。大学のような教育機関=制度が、講義と演習を教育の核にしているのは、社会学に限らず学問を学び、身につける上で対面的なコミュニケーションがすぐれた効果や効率をもつからである。

人によっては大学の講義以外でも、テレビやラジオやトークイベントや講演会などで、社会学者がしゃべるのを聞いたりすることもあるかもしれない。演習(ゼミナール)形式の授業をとれば、質疑応答や対話という形で社会学者が語る社会学の言葉に接することができる。社会学を本格的に学ぼうとすると、そんな風に生(なま)で語られる社会学の言葉を聞く機会は増えてゆく。語られる言葉には、特定の時間と場所で、そこに居合わせた人びとと結びついた即興性やひらめきがあり、生(ライブ)ならではのドライブ感もしばしばある。対話を通じて新たな理解や展望が開けたり、理解がより深まったりすることもしばしばだ。

　だが、そうした講義や演習も、そこで語られ、聞かれることは、本や論文で書かれたことや、本や論文を書くものとして鍛えられた学問の言葉を前提として成り立っている。書かれた言葉だけをたよりにある学問を独習することは可能だが、書かれ読まれる言葉にまったく依拠しないで学問を伝え、学ぶことは、ソクラテスやイエスや仏陀や孔子の時代はともかく、今日では不可能だ[1]。

　「語られた言葉」よりも「書かれた言葉」の方が信頼するに足り、より真実に近づいているということでは必ずしもない。だが、書かれた言葉には、それが文字という形式をとることで果たしうる、学問という営みにとって重要な役割がある。

　語られた言葉は、そのままでは消えて行ってしまう。仮に公共的な場所で発言されたとしても、それは時間的な持続性をもたない。だが、文字として書かれ、大量に印刷され、流通し、所蔵・収蔵されるとき、言葉はそのはかなさを克服して、時間的な持続性と恒常性を得る。ハンナ・アーレントが『人間の条件』で歴史家の仕事を、

---

[1] これらの人びとは、自らの言葉を書き記すことがなかった(とされている)。だが、私たちはこれらの人びとの言葉と思想を文字によって知り、文字に依拠した学問や信仰の言葉によって学び、考えるのだ。

そのままでははかなく消えてゆく出来事を、言葉にすることで公共的存在とする制作(ポイエーシス)であると述べているが[2]、研究者や作家が言葉を書き、印刷された雑誌や書籍という形で刊行=公共化(パブリッシュ)するとき、その人が社会を読み、記述し、分析し、思考したことが、時間的・空間的な限界を超えて公共化され、恒常化される。そしてそれによって、他の人がそれを通じて社会を理解したり、その言葉に触発されて社会について考えたり、新たな社会の読解と分析と考察へと導かれたりする。そうした公共化と恒常化、それによる他者たちの思考との接続という点で、書かれた言葉は今日、学問という知とコミュニケーションのシステムの中核に位置している。

今日ではさまざまなメディアを用いて口頭の語りを記録し、複製し、再生することが容易になっている。だがしかし、それらの「ライブの言葉」は、先に述べたようなライブならではの魅力をもつ一方で、考察を重ね、吟味され、推敲された論文や書物の言葉に比べると「一時的なものの記録」という性格が強い。語られた言葉が文字に起こされ、それがさらに推敲されて公刊されるときには、そのような一時性は克服される。また、吟味され、推敲された論文や著作にもとづく、よく練られた講義や講演は、「話された書き言葉」と呼んでよいあり方をする。他方、書かれた言葉でも、その時々の語りを補助する板書や、短い単位でその都度発信されるツィッターの「呟き」などは、「文字による話し言葉」とでも言うべきものだ。

社会学でも他の学問でも、研究者は学問の言葉を用いて社会を対象化し、記述し、分析し、考察し、論文や書物や報告書を書き、講

---

[2] Hannah Arendt, *The Human Condition*, University of Chicago Press, 1958. =志水速雄訳『人間の条件』ちくま学芸文庫、1994 年、273 頁. また、Hannah Arendt, "The Modern Concept of History", *The Review of Politics*, vol.20, no.4, 1958. → *Between Past and Future: Eight Excercises in Political Thought*, Viking Press, Enlarged Edition, 1968. =齋藤純一訳「歴史の概念―古代と中世」引田隆也・齋藤純一訳『過去と未来の間』みすず書房、1994 年、第 2 章も参照。

義や講演で語る。そしてその言葉が他の人びとに読まれ、聴かれることで、伝達され、理解され、批判され、共有される[3]。〈学問する〉とは、そのような学問の言葉を読み、書かれた言葉との関係で語られる言葉を理解し、そのような言葉を自らのものとして考えることだ。そしてそのことの中心に、その学問の言葉で書き、読むことがある。

では、社会学の言葉をどう読み、そうして得た言葉を用いて社会をどう読むのか。この小さな書物では、そのことを通じて「社会学とは何か」ということを考えてみよう。『社会（学）を読む』というタイトルには、そのような意味がこめられている。

2. 見田宗介『現代社会の理論』
『現代社会の理論』

次に引用したのは、見田宗介の『現代社会の理論』の「はじめに」の冒頭の文章である。

> 現代社会は、「近代社会」一般とは区別されるような、「新しい」時代を展開するものとして、多くの人によって語られ、考えられ、感覚されてきた。じぶんの今生きている世界が、「近代社会」一般を特色づけるさまざまなしるし——都市化や産業化や合理化や資本主義化——だけによっては語ることができず、時にそのいくつかのものを反転するようにさえみえるさまざまなしるしの群れによってしか、核心の部分を正確に語ることのできないものとして、考えられ、感覚されているからである。

---

[3] 「批判」とは他の人が書いたり語ったりしたことを「否定する」ことではない。「批判」とは、他者の言葉の可能性と限界を、そこで語られていることを鵜呑みにすることなく吟味し、検討し、その意味せんとしたことを明らかにしていくことだ。その結果、書かれ、言われたことが否定されることもあるけれど、それが批判の目的ではない。

このような現代社会の特質は、「ゆたかな」社会、消費社会、管理社会、脱産業化社会、情報化社会、等々として語られてきた[4]。

　社会（学）を読むことを考える端緒として、一読して難しいとも思われないこの三つの文からなる文章を、少し丁寧に読んでみよう。
　「現代社会は」ではじまる最初の文でまず、「現代社会」という言葉が、「『近代社会』一般」から区別される「新しさ」をもつとされる私たちの社会を呼ぶ呼び名として導入される。「語られ、考えられ、感覚されてきた」と過去形で述べられているように、著者である見田がそのように考えるだけでなく、むしろ、今日まで「多くの人」――ここでは明示的に語られていないが、それは「人」一般ではなく社会（科）学者[5]たちのことだ――がそのように考えてきたというのが、ここでのポイントだ。ここで言及されているのは「現代社会」という言葉で対象化される社会の在り方それ自体ではなく、そうした社会を「近代社会」一般とは区別される「現代社会」として論じてきた社会（科）学者たちの仕事なのだ。そしてもうひとつのポイントは、「『近代社会』一般とは区別されるような」という言葉が示すように、「現代社会」を「近代社会」一般から区別してなされる諸研究も、広い意味では「近代社会」と理解しうる社会の現代的な形態として、「現代社会」を考えてきたということだ。
　この文章の読み手――とりわけ社会（科）学の言葉になじんでいない読み手――には、「現代社会」と「近代社会」の違いなどさしあたりわからないかもしれないし、そんな言葉を使った社会の理解の仕方も知らないかもしれない。日常の暮らしの中の言葉では「現

4　見田宗介『現代社会の理論―情報化・消費化社会の現在と未来』岩波新書、1996年、ⅰ頁（『定本見田宗介著作集Ⅰ　現代社会の理論』岩波書店、2011年、2頁）.
5　「社会科学」とは社会を対象とする科学の総称で、一般に法律学、経済学、政治学、社会学の4つを柱とするものとして考えられている。「社会科学」という名の学問があるわけではない。

代社会」と「近代社会」を区別したりしないし、そんな言葉はそもそもほとんど使わない。それに対して社会学者たちは、そのような言葉を使うことでこの社会を記述し、分析し、考察し、理解しようとしてきたということも、この文章は読者に伝える。

「じぶんの今生きている」で始まる次の文章では、社会学者たちが「近代社会」一般と「現代社会」を区別してきた理由が述べられる。社会学者たちは「近代社会」一般を「都市化や産業化や合理化や資本主義化」という"しるし"によって特色づけられる社会として理解してきた。それに対してこの社会は、それらの"しるし"に尽くされない、時にそうした「〜化」に反するようにもみえるさまざまな"しるし"をもつように見える。ここで"しるし"は"徴"、つまり特徴や徴候である。だから、そのような「近代社会」一般とは異なり、それに反するようにもみえる特徴群によってしかこの社会の核心を語ることができないと、多くの社会学者たちは考え、感じてきた。もちろんここで、「都市化」や「産業化」や「合理化」や「資本主義化」といった言葉が、社会がどのようになること（＝〜化すること）なのかがわからなければ、ここで語られていることは本当にはわからない。さらに言えば、そうした言葉を用いて誰が、どのように「近代社会」を語ろうとしてきたかを知らなければ、この文章が意味することの射程の奥深くまで読み取ることはできない[6]。

幅広い一般読者に向けて新書という形でそもそも書かれたこの本

---

6 都市化とは一般に、近代社会における都市人口の増大と、都市を中心とする社会のあり方の変化、そのような社会のあり方が都市から全体社会へと拡がってゆくことを言う。産業化とは、いわゆる産業革命以降の社会で産業資本主義による生産の一般化を契機として生じた社会生活や社会的諸制度の変化の過程を指す。合理化とは狭い意味では、特定の目的を達成するために効率性の高い手段や組織が選択されてゆくことで、近代社会では社会の諸側面でこうした合理化が展開してきたと考えられている。資本主義化とは経済体制が資本主義的に編成されてゆくことや、それに伴う社会の諸変化を言う。ただし、これらの概念とその指示する対象は多義的・多面的である。こうした言葉が指し示しうる変化や変動が実のところどのようなもので、それらがどういうメカニズムで生じたのかを考えることは、依然として社会学の大きなテーマである。

で、著者はそこまでの読みをすべての読み手に期待してはいないだろう。「よくはわからないけれど、社会学者たちは『近代社会』をそのような言葉が指示する特徴で捉えてきたのだな」と、さしあたりこれらの言葉を標識(インデックス)として記憶にとどめ、それらが意味することについては、後で調べたり、考えたりすればそれでいいのだが、こうした短い文章にもそうした標識とそれらが指し示す射程があり、その中で先行するたくさんの研究者たちのいくつもの仕事が前提になっていることは、「社会学を読む」上で知っておいていいことだ。

そして改行の後の最後の文で、この社会がそのような"しるし"によってしか語れないと考えられてきたからこそ、社会学者たちは「近代社会 modern society」一般とは区別するために「現代社会 contemporary society」という言葉を用い、「『ゆたかな』社会、消費社会、管理社会、脱産業化社会、情報化社会、等々」という言葉によって、その「核心」を語ろうとしてきたのだと、見田は述べる。ここでも前の文章と同じように、「『ゆたかな』社会」や「消費社会」や「管理社会」や「脱産業化社会」や「情報化社会」といった言葉が社会のどのようなあり方を示しているのか、そしてそれらをめぐって誰が、どのようなことをこの社会について語ってきたのかということが背景的知識として前提となっていて、それを知っているかどうかでこの文章から読み取れることがらの深さも広がりも異なってくる[7]。

---

[7] 「『ゆたかな』社会」は、経済学者の J.K. ガルブレイスが 19 世紀とは異なる 20 世紀の豊かさと貧困の関係を考えるために用いた言葉である。「消費社会」はモノの生産・消費から記号や情報の生産・消費へとシフトしていった 20 世紀後半以降の社会を指し、J. ボードリヤールの消費社会論が有名である。「管理社会」は職場、学校、私生活圏で様々な管理体制が編成されてゆくことを指す言葉で、多くの論者によって 20 世紀半ば以降論じられた。「脱産業化社会」は古典的な産業資本主義とは異なる生産や組織原理をもつ社会の出現として現代社会を考える議論で、情報産業の成長を主軸におく「情報化社会論」はその一ヴァージョンという側面ももつ。この二つの議論の典型は、社会学者のダニエル・ベルの著書に見ることができる。ただし、これらの概念の意味することも多面的・多義的で、議論の射程も様々である。

社会学の言葉

　ここまで読んできた三つの文はどれも、「現代社会とは○○である」と対象を直接に説明していない。また、「現代社会とは○○であると私は考える」と、自己の理解や認識を直接語りもしない。ここで見田は、「現代社会とは○○であるというように社会学者たちは語り、考えてきた。それはなぜか？」と、この社会に対する社会学者たちの語り方について語る。そして、そのような語り方によって社会を語り、考えることを社会学者たちの言葉と思考に課すものとしての「現代社会」と、そうした社会への社会学者たちの問いの形を提示する。本の冒頭で読み飛ばされてしまいそうなこの三つのシンプルな文章は、「近代社会」や「現代社会」、「都市化」や「産業化」や「合理化」や「資本主義化」、「『ゆたかな』社会」や「消費社会」や「管理社会」や「脱産業社会」や「情報化社会」が、誰にでも自明な対象物として存在するのではなく、特定の社会状況を記述し、分析し、説明し、理解する社会学の言葉＝概念としてあり、そのような概念を構成要素とする社会学的な語り方(ナラティヴ)において、この社会が理解されてきたことを示す。

　言葉によって記述され、分析され、説明され、理解される社会と、それを記述し、分析し、説明し、理解しようとする言葉の間には距離がある。言葉は社会の中にあり、社会を成り立たせる重要な要素だが、当然のことながら、社会が言葉でできているのではない。人は言葉によって社会を記述し、分析し、説明し、理解しようとするが、そうした言葉は、私たちが「社会」と呼ぶ人間や物や情報と、それらの間の行為や関係の空間的かつ時間的な集まりと拡がりのいくつかの特徴や側面を対象化し、その輪郭や成り立ちや働きを捉えることを、言葉の指示と意味の働きによって何とかできているに過ぎない。

たとえば、「消費社会」という言葉で記述され、説明される社会は、そのある部分はその言葉にふさわしいものであるとしても、すみずみまで「消費社会」ではないかもしれない。「言葉」と「社会」のそうした隔たりと齟齬にもかかわらず、私たちは「言葉」によってしか「社会」を対象化し、記述し、分析し、説明し、理解できない。社会学の言葉は、そのように社会を対象化し、記述し、分析し、説明するために模索され、鍛えられ続けてきた言葉のひとつなのだ。

3．テクストと教科書
教科書と、教科書でないテクスト
　社会学するためには、そしてまた社会学することを知るためには、そのような「社会学の言葉」で書かれたテクストを読まなくてはならない。そして、社会学の言葉で書かれたテクストを読むためには、そうしたテクストをどうやって読むのかを知らなくてはならない。
　「テクスト text」というと「textbook ＝ 教科書」を思い浮かべる人もいるかもしれないが、ここで「教科書」と呼んでいるのは、「学校の授業等で教科書として使用されることを主たる目的として書かれた本」のことだ。教科書は、ある学問においてこれまで研究され、書かれ、議論されてきたことがらのうち、すでにある程度標準的な見解として一定の評価を得ていることを集め、整理し、解説し、あるいは読者の思考をそうした理解へと導こうとする。そうした書物は、ある学問領域においてすでに考えられて、すでに知られていることを、それらをいまだ知らない人びとのための「情報」として紹介し、提示する。それに対して「教科書ではない本」は、すでに考えられ、知られていることではなく、書き手が新たに何かを考え、明らかにしようとする過程が書かれた書物のことだ。
　たとえば、社会学の概説的な教科書にはたいてい、マックス・ヴ

ェーバーが『プロテステンティズムの倫理と資本主義の精神』で明らかにしたとされること——プロテスタントの世俗内禁欲の倫理が資本主義の精神を生んだ——や、エミール・デュルケムが『自殺論』で主張したこと——近代化にともなうアノミーの昂進が特定の類型の自殺を増加させる——といったことが紹介されている。そうした事柄が後の研究者によって批判されたり、修正されたりしてきたことも、書かれているかもしれない。そこでは、ヴェーバーやデュルケムがこれらの書物で明らかにしたとされることや、それに対して後の研究者たちが行った批判や修正のなかですでに一定の評価を得たものが、社会学という学問についてすでに知られ、学界内で半ば常識化された「知識」ないし「情報」として提示されているわけだ。

だがしかし、『プロテスタンティズムの倫理と資本主義の精神』や『自殺論』を実際に読んでみると、そこには教科書に要約され、紹介されているようなコンパクトな命題に収まりきらない過剰さがある。この過剰さを、次のように説明すればいいかもしれない。教科書はすでにわかったとされることを簡潔に伝えるのに対し、これらの書物は書き手にとっていまだ明らかではないことを明らかにしようとする過程や、それまで考えられなかったことを何とか考えようとした過程が書かれているのだ、と。それゆえそうした書物にとって重要なことは、「わかったこと」それ自体ではなく、「わからないこと」と、それを何とかして「考え、わかろうとする過程」なのだ。

思考は過程(プロセス)であり、知識や情報はその結果(アウトプット)である。そして社会学に限らず、ある学問を学ぶとは、その学問が明らかにしてきたことを知識や情報として知るだけではなく、その学問を用いて世界を理解することができるようになるということだ。「知られたとされていることを知る」だけでなく、たとえ拙くとも「自分で知ろうとすること」ができるようになること。そのために「知ろうとするに値

する謎や問題」を見出すことができるようになること。学問を学ぶとは、そうしたことのやり方を学ぶということだ。

棋譜としての書物

　「教科書」というものの意義や有効性を認めないのではない。すぐれた教科書は、教科書ではないテクストを読むためにも重要だ。だがしかし、教科書を読むだけでは〈社会学すること〉はできない。

　〈社会学する〉とは、社会学の言葉で書かれたものを知識や情報として受け取ったり、そのようにして受け取った知識や情報を交えて社会について書いたり話したりすることではない。大切なのは、そうした言葉を使って社会学的な思考を自らのうちに起動させ、その思考によって社会を読み解くことだ。

　社会学の本や論文を読むということは、そこに書き記された「社会」に対する記述や分析や解釈の内容を読むだけでなく、そのような記述や分析や解釈を生み出した書き手の社会学的な思考の過程に寄り添い、それを読み取り、自身の思考と協働させ、時に批判的な読解を加えながら、社会学的思考を展開させてゆくことである。社会学の言葉を読むことは、社会学についての知識や情報を受け取る過程ではなく、読むという行為を通じて〈社会学すること〉なのだ。

　囲碁や将棋にたとえて言うと、社会学のテクストとは〈社会学すること〉の「棋譜」なのだ。そこには、書き手が社会（学）のどこに、どのような謎や問題を見出し、それに対してどのような言葉の道具立てを用いてどのように思考して、その謎や問題を追い詰めていったのかという過程が記されている。社会学の言葉を読むことは、そのような棋譜をたどり、書き手が社会をどのように読み取り、それをどのような言葉によって形を与えたのかに寄り添いながら、読み手自身も社会を読んでゆくことなのである。

第2章 「社会」と「社会学」
——書物と知の生態学

1．書店のなかの「社会」と「社会学」
書店を覗いてみる

　社会学の本を読むためには、社会学の本を手にとらなくてはならないが、ここでは読むべき本をリストアップして提示することはしない。本を自分で探すこと、その過程で自分にとって大切なものになる本に思いもよらず出合ってしまうことや、それとは逆に、なかなか「これだ！」と思える本に出合えないで日を過ごすことも、社会（学）を読むために必須の重要な過程だからである。

　現代なら社会学の本を探すいちばん手っ取り早い方法は、Amazonのようなオンライン書店で探すことだと思う人も多いだろう。そこで、試みにAmazon.co.jpのジャンルで「社会学」に分類されているものを見てみよう。2012年1月7日午後11時45分現在で、Amazon.co.jpで「社会学」のカテゴリに分類された本の「人気度」の上位5冊は、①アービンジャーインスティテュート『自分の小さな『箱』から脱出する方法』、②シーナ・アイエンガー『選択の科学』、③石井光太『遺体―震災、津波の果てに』、④東浩紀『一般意志2.0　ルソー、フロイト、グーグル』、⑤古市憲寿『絶望の国の幸福な若者たち』で、「おすすめ度」——レビューの評価の高い順——だと(1)飯塚訓『墜落遺体―御巣鷹山の日航機123便』、(2)村上春樹『アンダーグラウンド』、(3)ロバート・B．チャルディーニ『影響力の武器―なぜ、人は動かされるのか』、(4)山本譲司『累

犯障害者』、(5)焜燦『台湾人と日本精神―日本人よ胸をはりなさい』だった。

　これらの中には、⑤のような社会学者の書いた社会学の本もあれば、④のように著者はいわゆる「社会学者」ではないけれど、広い意味で「社会学の本」として読むことのできる本もあるが、①のような自己啓発本、②や（3）のような社会心理学の本、③や（1）（2）（4）のようなノンフィクションやルポルタージュ、(5)のような社会評論ないしオピニオン書とでも呼ぶべき物などが混じっている。他方、大学の社会学教師が新入生に勧めるであろう「古典」や「入門書」や「推薦書」の定番的な「社会学の本」はほぼ含まれていない。（ただし、④と⑤は教師によっては薦める可能性もある。）上位5冊ではなく、10冊、20冊と範囲を広げれば、自己啓発本やノンフィクションやルポルタージュの本はさらに増えるだろう。

　オンラインではない「リアルな書店」の棚の場合はどうだろう。

　たとえば2012年1月の時点で、東京の大規模書店のひとつである紀伊國屋書店新宿本店には、4階の「政治・社会」のコーナーに社会学の棚がある。同じフロアには他に「経済」「法律」「ビジネス」「コンピュータ」のコーナーもある。やはり東京の代表的な大規模書店である池袋のジュンク堂本店にも、5階に「社会」のフロアがあるがそこには社会学書の棚はなく、4階の「人文」のフロアの、精神分析や哲学、思想の棚と隣り合った場所にある。それに対して街の小さな書店や、ロードサイドやショッピングセンターを中心にチェーン展開する書店には、「社会」という棚はあっても「社会学」の棚はないのが普通で、そこには社会学者が書いた社会学の本はさほど（あるいはまったく）なく、先に見たAmazonで「社会学」のカテゴリに分類されるような「社会についての本」のうち、専門家ではない一般の読者の興味関心をひいたり、メディアで話題にな

ったりしている本が並んでいる。

「社会についての本」

　二つの大規模書店で「社会学」の棚が置かれる位置の違いも、社会学と、社会学の本について考えるうえで重要ことを示しているのだが、それについては後述することにして、ここではまず、街の中小規模の書店やチェーン展開する書店の、「社会」の棚にある本について考えてみよう。

　「社会」の棚に分類される本には、「格差問題」や「原発問題」のように「社会問題」を主題とする本、「オウム事件」や「秋葉原事件」のような「社会で注目を集めた事件」についての本、「同性愛者の世界」や「オタクの世界」のような「多くの人が知らない社会のなかの別の領域や文化」を紹介する本、「日本社会論」や「中国論」などのように「国や文化や国民性などの"知られざる一面"」を論じた本、流行やトレンドなどの「社会の新しい動向」を紹介する本などが多い[8]。それらは、「解決されるべき問題」や「多くの人の注目や関心を集めたこと」、「存在するのに知らなかったこと」や「知っていたはずなのにじつは知らないこと」や「新しくてまだよく知らないこと」など、私たちの社会で「普通」や「自明」ではないものとして見出される事柄や状態を主題としている。

　「社会」の棚にあるのは「社会についての本」、「社会についての多くの人の興味関心にこたえる本」なのだ。その対象は、新聞の「社会面」があつかう雑多な事柄とゆるやかに対応している。新聞の社会面は、社会のなかで「問題」や「事件」や「面白い話」として人びとの関心をひき、注目を集めそうなことを取り扱うからだ[9]。

---

[8] 政治や経済についての本も広い意味では「社会についての本」なのだが、書店の分類ではそれらは「政治」や「経済・経営」の棚にあるのが普通である。

2．書架の分類学
大規模書店と図書館の棚

　先に挙げた紀伊國屋やジュンク堂のような大規模書店の「社会学」の棚には、「社会」の棚の「社会についての本」とは異なり、「〇〇の社会学」という標題の様々な専門書、大学の講義で使われるのを想定した教科書、マックス・ヴェーバーやエミール・デュルケム、タルコット・パーソンズやアルフレッド・シュッツ、ニクラス・ルーマンやピエール・ブルデューといった古今の著名な社会学者の本や、こうした人びとの仕事についての研究書、それに「環境」や「グローバリゼーション」や「フェミニズム」や「メディア」や「若者」といった個別領域を対象とする内外の社会学者の研究書や概説書などが並んでいる。

　さらに都道府県立図書館のような公共図書館や、それなりの規模の大学の図書館で「社会学」と表示された書架に行ったり、書庫の蔵書を検索システムで調べたりすれば、書店に並ぶ新刊書やロングセラーだけでなく、これまでに刊行された膨大な数の「社会学の本」を、外国語で書かれたものも含めて見ることができる。

　多くの図書館が採用している図書分類法の日本十進法分類では社会学は、3の数字で始まる「社会科学」で分類番号「360」を割り振られた「社会」[10]という分類のなかに、「361　社会学」として、「362　社会史、社会体制」「364　社会保障」「365　生活、消費者問題」「366　労働経済、労働問題」「367　家族問題、男性・女性問題、老人問題」「368　社会病理」「369　社会福祉」と共に分類されている。だから、日本十進法分類で「社会学」を意味する「361」の番号の記された

9　新聞の「社会面」における「社会」がどのような外延と内包をもつのかは、社会学的にも興味深い主題である。
10　社会科学には他に、政治・法律・経済・統計・教育・風俗習慣、民俗学、民族学・国防、軍事が含まれる。

ラベルを背表紙に貼られて、「361　社会学」の書架に配架された本が、さしあたり「社会学の本」ということになる。

　だが、この分類で 360 番台の「社会」のうちの「社会学」以外に分類された本にも、さらにはまた「300 番台」の社会科学の他の分野に分類された本のなかにも、「社会学の本」は数多く含まれている。たとえば早稲田大学の図書館で調べてみると、社会学の古典とされる本でもマックス・ヴェーバーの『支配の社会学』は「政治学」の棚にも配架されているし、ゲオルク・ジンメルの『貨幣の哲学』は「哲学」の棚にというように、「社会学」ではない棚に配架されていることもある。私が書いた「社会学の本」も、『地図の想像力』は地理学に、『漱石のリアル』は文学に分類されて、書店や図書館のそれらの分類の棚におかれていたりするのだ。

理論と対象

　なぜこんなことがおこるのか。

　第一の理由は、研究には「視点」や「理論」や「方法」と、「対象」とがあるからだ。社会学の「視点」から、社会学の「理論」や「方法」によって研究され、考察されて書かれた本でも、それが取り扱う対象によっては、図書館や書店で「社会学」以外の棚に分類されてしまうことがある[11]。

　政治学、法律学、経済学といった社会科学の他の分野と異なり、社会学はおよそ社会現象とみなしうるものなら何でも対象とすることができる。ここで「社会現象」とは、先に見た書店の「社会」の棚に並ぶ本が対象とするような、「社会問題」や「各国事情」や「社

11　この点で図書分類は、「本の分類」というよりも、「本の配架のための分類」である。どんな本でもどこかの棚に分類しなくてはならないが、以下で述べるように、本はそう簡単に分類できないことが多いのだから。

会探訪」や「事件」に限らない。政治や法律や経済のような他の社会科学が専門とする領域ばかりか、宗教も文学もスポーツも音楽も、政治社会学や法社会学や経済社会学、宗教社会学や文学社会学やスポーツ社会学や音楽社会学の対象になる。

　「社会学の本」が対象とするのは、「問題」や「事件」や「社会事情」や「新しいこと」をもっぱら取り上げる「社会についての本」よりも広い。およそ人間の行為と関係に関わることを、社会学は対象にすることができる。それは、「問題」でも「事件」でもない日常の会話や振る舞い、街の景観や地域のあり方を対象とするかと思えば、時間や空間、医療技術や工業技術、地図や小説や映画も対象とするし、人間の知識や感覚も問題にする。日常語や新聞の紙面割りにおいては「社会的」とはみなされない事柄や出来事や営みも、社会の中で、つまり人間の集合体の相互行為と関係の中で生じる出来事である。「社会問題」も「社会的な事件」も「社会的な関心事」も、そのような、それ自体は「問題」とも「事件」とも「関心事」ともみなされないことが多い日常的な行為や関係の中にあり、それらを前提として——社会学的に言えば、それらに構造的に規定され、それらを社会的文脈として——生じたり、存在したりしている。

いかがわしい学問

　社会学の本が社会学以外の棚にも配架される第二の理由は、ヴェーバーの『支配の社会学』やジンメルの『貨幣の哲学』のように、社会学者と見なされる著者による社会学的研究であると同時に、政治学や哲学の研究でもあるような本が存在するからだ。ヴェーバーの仕事は社会学だけでなく、科学論、経済史、政治学、法制史、比較宗教史、音楽学などの分野を横断しており、その仕事は社会学にとってだけでなく、政治学、経済学、社会科学方法論等の諸分野に

とっても古典として読まれている。ジンメルも「社会学者」であると同時に、"生の哲学"を代表する「哲学者」でもある。エミール・デュルケムも社会学だけでなく教育学の仕事もおこない、甥のマルセル・モースと共に人類学的な研究もおこなっている。ちなみに『贈与論』などで知られるモースは人類学者と見なされることも多いが、デュルケム学派の中心になって『社会学年報』の編集に携わった社会学者でもある。

　ヴェーバーやジンメルやデュルケムが今日の社会学の基礎となるような仕事をした時代には、社会学はまだ確立した学問ではなかった。マックス・ヴェーバーは中世会社史で博士の学位をとり、最初は法律の講師、続いて経済学の教授となり、社会学の仕事を本格的に行ったのは、神経症のために大学の教職を辞してからだった。ジンメルはカント研究で学位をとったが、社会学という「いかがわしい学問」に携わっているからという理由もあって、なかなか正規の教授職にめぐまれなかった[12]。デュルケムもはじめはリセ──フランスの中等学校──で哲学教授をした後、ボルドー大学で「教育学と社会科学」の講師として社会学の講義を行い、後に移ったパリ大学でも教育学講座のポストについている[13]。

　今日、社会学は法律学、政治学、経済学と並んで社会科学 social sciences を構成する学問のひとつとされる一方で、日本の伝統的な大学制度では文学部に社会学の講座が置かれることが多かった。先に見たように、紀伊國屋書店で政治や経済などの「社会科学」と同

12　このことについては、『社会学の根本問題』岩波文庫、1979年につけられた清水幾太郎の解説を参照。
13　デュルケムが1887年にボルドー大学でフランス最初の社会学講座を担当したとの記述がしばしば見られるが、デュルケムは教育学の講座で社会学の講義も担当したのである。フランス最初の社会学単独の講座が置かれたのは1919年、ストラスブール大学で、担当者はデュルケム学派の、今日『社会的記憶』で知られるモーリス・アルヴァックスだった。

じフロアにある社会学の本が、ジュンク堂では精神分析や哲学や思想といった「人文書」のフロアにあったのも、「社会学」という学問の歴史と位置づけの、この"いかがわしさ"によっている。

〈社会学の本〉

　だが、このように通常は「社会学者」と——あるいは、ヴェーバーやジンメルやデュルケムのように「社会学者」でもある人と——みなされる書き手の本だけが〈社会学の本〉なのではない。通常「社会学」には分類されず、一般に社会学者ではなく他の学問分野の研究者である書き手の手になる本も、〈社会学的な本〉や〈社会学の本〉と見なされるばかりか、社会学における「古典」として読まれている場合もある。

　カール・マルクスの『経済学・哲学草稿』『ドイツ・イデオロギー』『資本論』、ジークムント・フロイトの精神分析学の書物、ルートヴィヒ・ヴィトゲンシュタインの『哲学探究』、ヴァルター・ベンヤミンの「複製技術時代の芸術作品」や『パサージュ論』、カール・ポランニーの『大転換』や『人間の経済』、マーシャル・マクルーハンの『グーテンベルクの銀河系』や『メディア論』、ミシェル・フーコーの『狂気の歴史』『言葉と物』『監獄の誕生』『性の歴史』、ベネディクト・アンダーソンの『想像の共同体』、……等々、通常は哲学者、精神分析医、批評家、経済史家、文学者、メディア研究者、思想家、政治学者等々とみなされる人びとの仕事が、現代の社会学において「古典」とされ、入門書や教科書などでも言及されたり紹介されたりしているのだから。

　自分を「社会学者」とは考えず、自分の仕事が「社会学」であるとも思わなかった人びとの書いた多くの書物が、「社会学」にとっての古典、狭い意味での「社会学の本」ではないけれど、広い意味

では〈社会学の本〉と見なされるのは、それらの書物が人間や社会を対象化し、その振る舞いや成り立ちを分析し、考察するあり方が〈社会学的〉であるからだ[14]。これらの書物は「社会を読む」ために重要な視点や方法や考え方を提示し、それらを読むことで私たちが、そうした視点や方法や考え方と、それによって可能になる「社会の解読」の過程をたどることができるという点で、〈社会学的〉な、〈社会学の本〉なのだ[15]。

3.〈社会学すること〉のフィールド
何が越境するのか

社会学は「越境する知」である、という言い方がある[16]。

確かに「社会学」の本は、「社会」や「社会的」という言葉が普段意味する領域を超えて、私たちが生きる／生きてきた／生きてゆく社会の様々な領域と、そこで生じたり存在したりする様々な現象を対象とする。そして〈社会学の本〉が示すように、社会学は社会学者と彼らの書いた「社会学の本」を超えて学問の様々な領域に、まるでゲリラのように入り込んでいる[17]。

だが、「社会学の本」が普通言う意味での「社会」や「社会的な

---

14 「社会学の本」と〈社会学の本〉のように、同じ言葉を「　」と〈　〉という違う種類の括弧にくくって区別する手法は、見田宗介（真木悠介）の著作をはじめとして、社会学や哲学でしばしば見られる表記法、思考法である。「　」は"一般にその言葉で指し示されていること"を意味する場合が多く、〈　〉は"より本質的な意味でその言葉が指し示しうること"を意味する場合が多い。「社会（学）を読む」うえで、こうした表記法＝思考法に自覚的であることは、大切なことだ。
15 「一般にアルフレッド・シュッツは社会学者で、フッサールは哲学者に分類されていますが、こういう区別は恣意的なものにすぎず、ただ大学の制度にのっとっているだけです。主題設定から見れば、フッサールにしろ、ヴィトゲンシュタインにしろ社会学者です。逆に言えば、シュッツは哲学者でもあるわけです」と、大澤真幸は述べている。大澤真幸「「社会秩序はいかにして可能か」は社会学の基本的な問いである！」『わかりたいあなたのための社会学・入門』別冊宝島176、宝島社、1993年、29頁。
16 見田宗介『社会学入門―人間と社会の未来』岩波書店、2006年、7頁を参照。
17 橋爪大三郎は社会学の特徴として「ゲリラ的な問題発見能力」を挙げている。橋爪大三郎「社会学はどういう学問なのか」、『わかりたいあなたのための社会学入門』（前掲注8）、25頁.

もの」の枠を超えて、他の学問や芸術や文化や趣味や日常生活の様々な領域へも"越境している"ように見えるのは、私たちの日常語が通常は、「社会」という言葉の指す範囲をごく狭く限定しているからに過ぎない。社会学はその対象領域を越境したり拡張したりしているのではなく、ただ〈社会〉を対象としているだけなのだ。

〈社会学の本〉の存在が意味することも、「社会学」がその枠組みを超えて他の分野に越境したり、ゲリラのように入り込んだりしていった結果なのではない。哲学者や歴史家や精神分析医や人類学者や批評家が、それぞれが主題とし問題とする事柄を、人間がこの世界を、人間以外の事物や他の人間たちと共に生きてゆくあり方とのかかわりにおいて考察するとき、それは哲学や歴史学や精神分析や人類学や批評のままで、同時に社会学的なものになる。

「社会学」がそうした領域に向けて越境したのでも、ゲリラとして潜入したのでもないけれど、そこに越境し、潜入したように〈社会学〉が現れる。このことは、〈社会学〉という知の本質が何かということを示唆している。そこで越境しているものがあるすれば、そのような領域に〈社会学〉を見出す、〈社会学する読みと思考〉が越境しているのだ。

「社会学の本」の対象領域横断的に見える広がりと、〈社会学の本〉の学問領域横断的に見える広がりは、社会学という知が、多くの社会学の教科書や概説書で紹介されているような社会学の理論や方法や対象に限定されない、人間とその社会に対する問いの立て方や思考の仕方によってその外延と内包を与えられるものであることを示している。これを逆の側から言うと、人間とその社会に対する様々な知、人文・社会科学的な知から自然科学や工学、芸術・アートにまでいたる様々な知には、社会学的な問いと思考がしばしば内在している。そして、そうした問いと思考を自覚的に対象化し、理論化

し、それによって社会の記述と分析と説明を試みるのが、専門化した学問分野——これを「ディシプリン discipline」と呼ぶ——としての「社会学」なのだ。

そうだとすれば、社会学を学ぶためには、ディシプリンとしての「社会学」の理論や方法や知識を学ぶと同時に、「社会学」を〈社会学〉たらしめている、〈社会学すること〉を可能にする問いと思考の形を学ばなくてはならない。そうでなければ、「社会学」についての知識や情報を得ることはできても、そうした知識や情報の源にある〈社会学すること〉については、結局よくわからないままであろうからだ。「社会学の本」を——あるいは〈社会学の本〉を——読みながら、単に知識や情報を読み取るのではなく、そこでの書き手の問いと思考を同時に読み取っていくという、二重のレヴェルで読むこと。だから、ここで「同時に」と言うとき、気持ちとしてはむしろ「それ以前に」というニュアンスがある。そうした問いと思考がまずあって、その後に社会学の理論や方法や知識が現れてくるのだから。

書物というフィールド、社会というフィールド

そうした読みと思考なしには、「社会についての本」も「社会学の本」も〈社会学の本〉も、すでに書かれ、印刷された紙と文字の集積——マルクス風に言えば「死んだ労働(labor)」——に過ぎない。その「死んだ労働」が、読み手の読みと思考を通じて活性化されるとき、書き手の「仕事=作品(work)」として蘇り、読み手の思考と協働して働き始め、さらに読み手の思考がそれを助走とし、ときにそこから離陸して働きはじめる[18]。書店で、図書館で読むべき書物を探すとき、

---

18 ここでの「労働」と「仕事」の区別は、『人間の条件』におけるハンナ・アーレントの区別にもとづいている。『人間の条件』、前掲訳書、第三・四章を参照。

すでにそうした読みと思考は触覚のように本のタイトルや、目次や、開いたページの文字を走査しているのだ。

　本の分類、書店や図書館の配架は、そうした走査と探索が行われるフィールドである。そしてそのフィールドは、見てきたように一定の秩序と構造をもっている。社会学という学問に注目してこの秩序と構造を読み解くなら、それは「社会学」の書架や、古典の収められた文庫の棚を核とし、そこから派生し発展していった、社会学者たちによる「社会学の本」を中心領域としながら、「社会学」が対象とする他の領域の書物の棚にも「飛び地」のように分散し、さらに〈社会学の本〉とみなしうる諸分野の書物が様々な棚に拡がっている。

　そしてまた、それ以外のありとある書物は、社会のなかで形成された知や意識や感覚の表出として、また社会の在り方を記述し記録する「社会についての本」として、さらにそれ自体が社会的生産物として、社会学によって読み解くことが可能な資料群として存在している。もちろん、そうした書物の外側、書店や図書館の外側には、書物ではなく社会という現場(フィールド)が拡がっている。そして書物も、書店も、図書館も、そうしたフィールドの一部なのだ。

第3章 ミステリとサラダとアドルノ

1.〈全体〉を読む
地下鉄の中のブラームス

　20世紀半ばのドイツを代表する社会学者のひとりで、フランクフルト学派[19]の初期の指導者でもあったテオドール・W．アドルノは、新ヴィーン楽派[20]のアルバン・ベルクに師事した作曲家・音楽批評家でもあった。そのアドルノが20世紀の音楽状況を論じた「音楽における物神的性格と聴取の退化」という論文に、「地下鉄でブラームス第一シンフォニーのフィナーレの主題を意気揚々と高らかに口笛で吹く男は、すでにこのシンフォニーの残骸をもてあそんでいるにすぎない」[21]という一節がある。

　アドルノにとって、音楽を——より正確には、いわゆる「クラシック音楽」[22]を——"正しく"聴くことは、単に好みのメロディや

19　1930年代にフランクフルト大学社会研究所で、マックス・ホルクハイマーとアドルノを中心に、マルクスの社会哲学とフロイトの精神分析学、文化研究などを架橋する「批判理論」の構築を目指した社会学者・社会哲学者たちのグループと、それを継承・発展させることを試みた後続世代の人びと。アドルノ、ホルクハイマーらを「第一世代」、ユルゲン・ハーバーマスらを「第二世代」、アクセル・ホネットらを「第三世代」と呼ぶ。
20　12音技法を開発し、いわゆる「現代音楽」への扉を開いたアルノルト・シェーンベルクとその弟子のアントン・ヴェーベルン、アルバン・ベルクの3人が「新ヴィーン学派」と呼ばれる。
21　Theodor Wiesengrund Adorno, *Dissonanzen, Musik in der verwalteten Welt*, Vandenhoeck & Ruprecht, 1956. →三光長治訳「音楽における物神的性格と聴取の退化」三光長治・高辻知義訳『不協和音—管理社会における音楽』平凡社ライブラリー、1998年、42-43頁．この論考は初め、アドルノがアメリカ亡命中の1938年に、やはり亡命の地にあったフランクフルト大学社会研究所刊行の『社会研究雑誌』に発表された。『不協和音』の第三版への序でアドルノ自身が述べているように、その内容はアドルノのアメリカ体験にもとづいている。

フレーズを楽しむことではなく、そうしたメロディやフレーズを部分としてもつ曲全体の成り立ちの中で理解することである。そのような聴き方をアドルノは「音楽の全体的把握」[23]と呼び、後に著した『音楽社会学序説』では「構造的聴取」[24]と呼ぶ。そして、この"正しい"音楽とその聴取のされ方を基準として、大衆文化の中でのクラシック音楽の娯楽化や、ジャズをはじめとする当時のポピュラー音楽のあり方に対して激しい批判を投げかけた。

　当時よりもはるかにポピュラー音楽の市場が成長拡大した今日では、アドルノのこうした議論はあまりに古臭く思えるし、現代の音楽経験や、社会の中での音楽のあり方を考える社会学の視点としても限界をもつ[25]。実際、「熱烈なファン・レターを放送局や楽団に送り、巧妙に演出されたジャズ大会では、自分の消費する商品〔＝自分の好きなジャズの曲やミュージシャンのこと：引用者注〕の宣伝役を買って出て、自らの熱狂を演じて見せる気狂いども」[26]とか、「軽音楽こそは、ロマン派的な個人主義の下落し腐敗した残りものを温存した分野」で、「この分野での新しさは、古臭い残りものと腐れ縁でつながっている」[27]といった、ポピュラー音楽とそのファンに対するアドルノの言葉は、批判というよりも非難や嫌みに近い部分

22　アドルノ自身はドイツにおいても用いられていた「クラシック音楽 klassische Musik」ではなく「本格音楽 erste Musik」という言葉を好んでいる。アドルノにとって「クラシック音楽」という分類は、この論考で彼が批判する音楽産業における商品の区分にすぎないからである。この点については上記訳書 30-31 頁を参照。ただし、ここでは一般的に流通している「クラシック音楽」を、アドルノの言う「本格音楽」とほぼ同義のものとして使用する。
23　同、60 頁。
24　Therodor W. Adorno, *Einleitung in der Musiksoziologie*, 1962.＝高辻知義・渡辺健訳『音楽社会学序説』平凡社ライブラリー、1999 年、24 頁.
25　たとえば渡辺裕は『聴衆の誕生』において、アドルノが想定するような「真面目な聴衆」とは異なる「軽やかな聴衆」が、クラシック音楽愛好家の世界にも生まれたのだと論じている。渡辺裕『聴衆の誕生―ポスト・モダン時代の音楽文化』春秋社、1989 年．『不協和音』訳書につけられた渡辺の解説「炸裂する一瞬の光芒」(上記訳書 327-341 頁)も参照。
26　「音楽における物神的性格と聴取の退化」前掲訳書、67 頁．
27　同、74 頁.

もあって、1960年代末の西ドイツの大学闘争において学生たちの攻撃の対象になったのも無理もないと思わせるものだ[28]。

そんなアドルノの議論をここでとりあげたのは、音楽の「全体的把握」や「構造的聴取」に対応する書物の「全体的把握」と「構造的読解」とでも言うべきものが、「社会（学）を読む」ためには必要だと考えるからだ。

本格派推理小説を読み、サラダを自分で作る

音楽の全体的把握や構造的聴取において聴き取られ、理解されるべき曲の「全体」や「構造」とは何だろう。アドルノ自身の説明を引いてもいいのだけれど、ここではそれを、音楽評論家の許光俊によるクラシック音楽入門のための基礎から説明しよう[29]。

クラシック音楽をもっとも簡単に理解するためには、次の二つのことをしなくてはならない、と許は述べる。ひとつは、エラリー・クイーンやアガサ・クリスティ、ディクスン・カーやヴァン＝ダインの作品のような「本格派推理小説」[30]を読むこと、もうひとつはサラダを自分で作ることである。なぜか？

本格派推理小説は、一見不可解な犯罪がどのように、どんな動機の下に行われたのかの謎解きが主題となる文芸作品である。そこでは、些細に見えるさまざまな出来事や事柄が事件の謎を解いてゆくための伏線であったり、逆にいかにも犯罪と関係しているように見える出来事や事柄がまったく別の意味をもつものであったりするこ

28　この点については、Stefan Müller-Doom, *ADORNO Eine Biographie*, Suhrkamp Verlag, 2003. ＝徳永恂監訳『アドルノ伝』作品社、2007年、570-611頁を参照。
29　以下、許光俊『クラシックを聴け！　完全版』ポプラ文庫、2009年、20-32頁による。ただし、許は「クラシック音楽」の説明のために以下のことを述べているのであって、アドルノの音楽社会学の解説をしているわけではないし、アドルノに直接言及しているわけでもない。
30　クィーン、クリスティ、ディクスン・カー、ヴァン＝ダインのいずれもが、20世紀の前半に現れた、文字通り古典的（＝クラシカル）な本格派推理小説の作家である。

とが明かされながら、様々な場面や描写が無駄なく緊密に組み合わさって、「謎」とその「解明」を構成するように仕立て上げられている。クラシック音楽もまた、動機や主題、それらの変奏や展開が、楽曲の開始から結尾までの時間的経過のなかでアドルノの言う「全体」や「構造」を構成している。クラシック音楽も本格派推理小説も「部分部分は、全体なくして存在できないし、全体は部分なくして存在できない」[31] 知的な構築物で、その知的な構成を全体として楽しむものだ。だから、これからクラシック音楽を聴こうという人は、本格派推理小説からクラシック音楽がなんであるのかを知ることができるのだ、と許は述べる。

「部分」がなければ「全体」はなく、「部分」の存在は「全体」によって与えられるというのは、「システム」という言葉で呼ばれるものの一般的な特徴のひとつである[32]。そしてそれは、ひとりクラシック音楽だけでなく、舞台芸術、美術、文芸など、西欧の多くの芸術に当てはまる。

で、サラダの方は？

ここで作るサラダは、レタスだけとかブロッコリーだけといった、一種類だけの野菜を使ったサラダではない。用意するのは、サラダ菜、タマネギ、トマト、塩、こしょう、油、酢。サラダ菜は一口大にちぎり、タマネギは薄切りにして水にさらし、トマトはサイコロ状に切る。これらに出来合いのドレッシングではなく、塩、こしょう、油、酢をかけて、ボールのなかでよく混ぜて作るサラダである。そうしてできたサラダは当然、複数の野菜と調味料が混じり合って初めて醸し出される味と香りと食感がある。この複数の要素が重な

31　許、同書、23頁.
32　システムは現代社会学の理論にとっても重要な概念である。システム論的な現代社会学理論の代表としては、Niklas Luhmann, *Sociale Systeme: Grundriß einer allgemeinen Theorie*, Suhrkamp, 1984. ＝佐藤勉監訳『社会システム理論』恒星社厚生閣、1992-1995年があげられる。

り合って初めて生み出される味や香りや食感が、異なる音色、複数の旋律が和声や多声音楽として重なり合って生まれる「ハーモニー」の隠喩的体験となる。たとえば交響曲は、大規模なオーケストラ(や場合によっては歌手や合唱団)によって可能になるハーモニーの巨大な構築物だが、一挺のヴァイオリンの無伴奏ソナタにも、一台のピアノで弾かれるピアノの小品にも、和声や多声があり、異なる音色と響きの重なり合いがある。ハーモニーのかなめとなるのは、「それぞれ違うものが同時に存在することで、新たな意味が出てくる」[33]ということなのだ。これもまたクラシック音楽だけでなく、「西洋のあらゆる芸術を貫く感覚」[34]である。

書物の構造

　こうしたクラシック音楽のあり方は西洋の芸術だけでなく、社会学をはじめとする人文社会系の本のあり方ともよく似ている。

　たとえばこの章では、アドルノの論文に書かれた文書の一節から始め、それを私が批評を交えながら解説し、さらにそこでアドルノが前提とするクラシック音楽のあり方を説明するために、許光俊によるクラシック入門の基本を紹介してきた。だが私がこれらの紹介や解説や批評をこの章の「部分」として組み込んだのは、クラシック音楽を説明するためでも、アドルノや許の議論を情報として紹介するためでもなく、「社会学の本」のあり方と読み方を考えるという、この章全体の目的の中でそれらの部分がうまく機能するだろうと考えたからだ。他の章にしても同じことで、そこで参照される社会学の本や他の分野の本は、それらをめぐる私の解説や読解、そこからの展開や批判と共に、全体として『社会(学)を読む』という書物

33　許『クラシックを聴け』26頁.
34　同.

を形作る思考の構造を構成している。

　書物は複数の章からなり、章は節からなり、節はいくつかの段落からなり、段落は複数の文からなり、文は複数の語からなる。本を構造的に読んで全体的に把握するとは、そうした「部分からなる全体」として本を読む、ということだ。だがそれは、「要するに、この本は全体として○○だと言っている」といったことを読むということではない。音楽の全体を構造的に聴くことが、「この曲は全体としてこういうメッセージや感情を伝えている」ということを聴くことではなく、個々の細部や部分がどのように働き合って曲の全体を構成しているのかを聴くこと、全体を部分の相互作用として把握し、部分を全体の中で意味を与えられるものとして聴き取ることであるように、本の全体を構造的に読むとは、ある言葉、ある文章、ある段落、ある節や章の意味を、他の言葉や文章や段落や節や章との相互関係の中で読み解き、そのような相互作用の場として本の全体を受け取ることだ。

　こうしたことを考えるとき、私は、アドルノの音楽上の師だったアルバン・ベルクの遺作となったヴァイオリン協奏曲の初演（1936年）をめぐる、次のようなエピソードを思い出す[35]。前年末のベルクの突然の死後、市民戦争下のバルセロナで行われることになったこの曲の初演のリハーサルで、指揮者をつとめることになったベルクの親友で作曲家のアントン・ヴェーベルンが楽員たちに求めたのは、「1つ、2つあるいは同時に3つもの音符の異なる内なる意味を感じ取る」ことだった。かくして、短い楽節を繰り返し練習するリハーサルは、全体で4回のうち2回が過ぎても、76頁の総譜の3,

---

35　以下、このエピソードはルイス・クラスナー（ヴァイオリン）、アントン・ヴェーベルン（指揮）、BBC交響楽団が1936年5月1日にロンドンで行ったベルク追悼コンサートの録音のCD（フィリップス PHCP-3410、現在は廃盤）に収められたクラスナーの回想「指揮者としてのウェーベルンについて」によっている。

4頁しか進まない。楽員たちに作品の「響きの構造」と「総体的な印象」を把握させるため、全体を通して演奏して欲しいという、ヴァイオリニストのルイス・クラスナーの要請にヴェーベルンはその都度同意するのだが、ヴェーベルンにとってはどの一音もないがしろに出来ない意味をもつので、結局作品の終わりまでたどり着くことができない。うちひしがれたヴェーベルンは、総譜をつかんで舞台から駆け出し、ホテルの部屋に閉じこもり、その後、姿を消した……[36]。

音楽の意味作用と言語の意味作用は同じではない[37]。また、ヴェーベルンが総譜を読むように、一語一語、一文一文の意味を余すところ無く読まなくてはならないと言いたいのでもない。理想としては、あるいは理念としてはそのような読みをめざすべきではあろうが、まずはそのように読みうる構造をもつ全体として、書物や論文が存在しているという認識をもち、そのように考えてテクストに向かうことが肝要だ。

2. 構造として読む
内的な合唱と外的な合唱

社会学の文章の「構造」を、具体的な作品にそって少し見てみよう。とりあげるのは、真木悠介『時間の比較社会学』の第5章「近代社会の時間意識―（Ⅱ）時間の物象化」のなかの、「内的な合唱と外的な合唱」と題された最初の節である[38]。300頁弱（文庫版は

---

[36] 初演の指揮はヘルマン・シェルヘンがつとめ、その2週間後、ヴェーベルンがロンドンでこの曲の再演の指揮をとり、それが録音として残されたのである。

[37] この点については、Claude Lévi-Strauss, *Myth and Meaning: Five talks for radio by Claude Lévi-Strauss*, University of Toronto Press, 1978. ＝大橋保夫訳『神話と意味』みすず書房、1996年、「第五講　神話と音楽」が示唆的である。

[38] 真木悠介『時間の比較社会学』岩波書店、1981年、258-263頁（岩波現代文庫、2003年、274-280頁）.

330頁ほど）の本のなかの6頁ほど（文庫版も同じ位）の短い節だけをとりあげるのは、ブラームスの交響曲の一節だけをとりあげるのと同じことのように思われるかもしれないが、ここではこの節をクラシック音楽で言えば「楽章」にあたるような一定の独立性と完結性をもつ単位と考え、それが部分をなす一冊の本や、その本がそれ以外の他の本との間にもつ関係にも留意しつつ、その構造の概略を見てみよう。（理想としては全文を引用して分析・説明する「注釈」のようなスタイルを取りたいのだが、紙幅の関係で、ぜひ必要と思われる部分のみ引用して示すこととする。）

　　音楽における定量音符（♩♪♫など）の使用と発達は、十五世紀から十七世紀にかけて順次整備されてきたものであり、それはちょうど、デカルトの名をとった抽象化された空間座標系の確立と時期を同じくしているということを、松下真一は指摘している。[39]

「内的な合唱と外的な合唱」はこのように、数学者で作曲家だった松下真一の論文を参照することから始まる。先行する他者の論考の参照から始まるというのは、学術的なテクストにしばしば見られるスタイルである。それは、学術的な論考のほとんどすべてが、先行する他者たちの仕事を何らかの形で受けつつなされるからであり、また、どんな仕事も同じ分野や他の分野の様々な仕事との関係の中で、相互に参照したり、支え合ったり、批判したりするものとして成立しているからだ。学術的な思考と著作にとってオリジナリティは何より重要なことだけれど、どんなオリジナルな仕事も過去や同

39　同、258頁（現代文庫版、274頁）、傍点は原著者。なお、参照されている松下の論文は、「時間についての省察」『思想』1977年7月号、59-78頁。

時代の様々な仕事を参照し、引用し、それらを受容し、批判し、修正し、革新するところに成立している。(これも音楽とよく似ている点だ[40]。)

こうして始まる「内的な合唱と外的な合唱」は、ヨーロッパ音楽における時間の取り扱いの変容と社会形態の関係について論じた前半と、前半の議論からの展開として、近代的な時間が社会にもたらす「圧力」についての仮説を述べる後半とに大きく分けられ、さらに前半部を二つの部分からなるものとして理解することができる[41]。以下、それぞれをⅠ－1、Ⅰ－2、Ⅱと表記することにしよう。

音楽の近代と社会の近代

先に引用したⅠ－1冒頭の文章で「定量音符」と「空間座標系」に傍点が付されているのは、この二つの言葉がここでの考察のキーワードだからである。続く文章では定量音符が、音程と音の順序だけを示していたそれ以前の記譜法とは異なり、「音楽の中に、標準化された計量可能な時間を導入」[42]し、それが「時間の座標系」となったと展開される。この展開に続いて真木は再び松下の論考から二つの文章を引用し、定量音符の使用がバッハやベートーヴェンのような複雑な多声音楽や精緻な作曲技法を可能にしたこと、なぜなら多声音楽の各声部が複雑に動くためには時間計量としての「長さ」という要素が必要であること[43]を、松下の言葉によって説明する。

---

40 たとえばブラームスの作品は、同時代のシューマンやヴァーグナー、先行者としてのベートーヴェン、バッハ、ヘンデルなどとの関係を抜きには理解できない。グスタフ・マーラーの作品が過去の作曲家の作品や自己の作品、俗謡や街の音や自然界の音などを引用していることもよく知られている。こうしたことはポピュラー音楽についても指摘できる。
41 これは私の解釈・分析である。別様の解釈の可能性は否定できない。
42 真木、前掲書258頁(現代文庫版、274頁).傍点は原著者。
43 多声音楽とは、輪唱のように複数の声部が同時にずれて進行したり、異なるメロディアが並行して絡み合うように進行したりする音楽である。このように異なる声部が同時に、和声的な調和をもって進むためには、個々の音の長さが指定できなくてはならない。

だがこの後、真木の考察は一度、音楽から離れる。

　工場や企業や官庁といった近代の巨大化し精緻化したシステムが破綻なく機能しうるためには、出勤や業務開始や休憩や待ち合わせや打合わせや終了について、共通の計量化された時間の中に人びとの行為がなげこまれて整序されなければならない。[44]

　定量音符が音楽に導入したのと同様の、共通の計量化された時間によるたくさんの人びとの活動の調整が、近代的な社会の生産活動や業務管理には必要であるということ、「社会の近代」と「音楽の近代」が「時間の計量による複線的活動の調整」という点で共通の構図の下にあることへと、議論は展開する。そして続いて、同じことは工場や企業や官庁のような巨大組織の内部だけでなく、証券取引市場とか都市交通システムとかの「間・主体システム」[45]においてもいっそうあてはまること、だから「複雑精緻な対位法(コントラ・プンクテ)のシステムとしての近代市民社会のメカニズムの一切は、計量化され一次元化された時間の支配の下ではじめて可能となった」[46]、と続けられてⅠ−1は終わる。

　続くⅠ−2で再び対象は音楽に、けれども近代の音楽ではなく中世の音楽になる。ここで再び松下の論考から、定量音符以前の伝統的なグレゴリウス聖歌では「指揮者は、実にまろやかな曲線を空に描くような手振りをして、常識的な『時間』の中に束縛されたという感を全然与えない」[47]という文を含む段落が引用され、真木はそれを、合唱の統一性が「外的な時間の計量化によってではなく、

44　真木、前掲書、259頁（現代文庫版、275頁）．傍点は原著者。
45　同．
46　同．
47　同書、260頁（現代文庫版、276頁）．出典は松下、前掲論文69-70頁．

指揮者の自在な動きにたいする歌い手たちの同一化をとおして、あるいはむしろ、合唱者たちの共有する内的な共時性をとおして、実現されている」[48]と解説する。そして、16世紀トリエントの宗教会議で教会音楽の宗教性と宗教倫理性を希薄にし、混乱させるという理由で多声音楽の禁止令が出されたことが、やはり松下からの引用で示されて、それは多声音楽が「合唱団の内的な共同性の減圧」[49]をもたらすことへの教会の危機意識を示すという真木の理解が添えられる。（計量化された時間座標上に指示された音の長さをたどることは、歌いながら互いの時間を合わせることと同じではない。）そしてさらに、グレゴリウス聖歌自体も実は、民衆の歌がもっていたリズムを"殺す"ところに成立していること、それは、民衆世界の上にたつ中世カトリック教会の共同性が、すでに民衆の共同態を否定するところに成立していたことを意味しており、ヨーロッパ近代はそれをさらに否定する「二重の否定」としてあるという、『時間の比較社会学』のすぐ前の章で真木が考察してきたことと一致することが述べられる。そしてⅠ－２の最後の段落では、このような中世ヨーロッパにおける教会と民衆の間に見られるような「共同態内部の歴史的な位相を捨象してかんがえるならば、近代音楽と非近代音楽における共同性のこれら二つの存立様式は、近代市民社会の存立の媒体としての『計量化された時間』の機能とその位相とをよく語っている」[50]とここまでの考察をまとめ、次の文章で結ばれる。

　共同態の解体のうえに、私的な目的性をもつ無数の諸個人の集合態が破綻なく存立しうるためには、彼らの活動を外的に共時化

48　同.
49　同. 傍点は原著者。
50　同書、261頁（現代文庫版、277頁）.

するパラメーターとしての普遍時間による調性が不可欠である。[51]

時間と貨幣

　後半のⅡに入ると議論の対象は音楽から離れる。

　まず、こうした普遍時間の中の人びとの自由な活動が社会システムを成立させるためには、『時間の社会学』でウィルバート・ムーアが言う「共時化、順序化、進度調節」という「タイミング」の三つの働きが必要であることが指摘されると同時に、けれどもそうしたタイミングの調整は人間が共同生活を行っているかぎり、どんな社会でも必要とされることが、『時間の比較社会学』の序章や第一章で参照されたヌアー族やアンコーレ族の「牛時計」の例に触れつつ述べられる。牛時計とは、牛を飼育し、牛と共に暮らす部族社会で、牛をいっせいに連れ出したり、水を飲ませたり、乳をしぼったりするタイミングを、時間の区切りや待ち合わせのタイミングとして利用するあり方のことだ。そこでは一日のうちの牛の活動の区分や間隔や頻度が「時計」として機能しているわけだ。ここでもまた真木は、ムーアの『時間の社会学』やエヴァンズ゠プリチャードの『ヌアー族』といった先行する仕事を参照しつつ、それらを用いて自己の議論を展開している。

　次いで、「牛時計」のような時間は「限られた種類の労働の可視的な連関のうちに完結している」社会において可能であるのに対して、定量音符に示されるような「それ自体として抽象化された時間の観念」は、「無限定に多様な活動相互の果てしない連鎖のシステム」という、社会の「歴史的な形態」が要請するものであると真木は述べて[52]、論は次のように展開する。

51　同．傍点は原著者．
52　同書、262頁（現代文庫版、278頁）．

ヌアー族やアンコーレ族の「牛時計」を出発点とするモデルにおいてわれわれがすでにみてきたように、抽象化され対象化された「時間」の観念は、貨幣と同様、まずはじめに共同態の果てるところに、間・共同態関係の媒体として発生し、やがて共同態自体の内部に、これを風化し集合態化(ゲゼルシャフト)する力として逆流したはずである。[53]

社会学をある程度学んだことのある人なら、この文章が貨幣の成立についてのカール・マルクスの『資本論』の議論や、それを社会学的に展開した真木の『現代社会の存立構造』を思い出すかもしれない。

　商品交換は、共同体の終わるところに、すなわち、共同体が他の共同体または他の共同体の成員と接触する点に始まる。しかしながら、物はひとたび共同体の対外生活において商品となると、ただちに、また反作用をおよぼして、共同体の内部生活においても商品となる。[54]

先に引用した真木の言葉は、『資本論』のなかのマルクスのこの言葉を引用しつつ展開している。そして、このような商品の交換を一般的に可能にするのは、どのような商品とも交換可能な一般化された特異な商品としての「貨幣」である。マルクスのこうした議論をもとに真木は、『現代社会の存立構造』で次のように書いている。

53　同.
54　Karl Marx, *Das Kapital*, 1867. ＝向坂逸郎訳『資本論（一）』岩波書店、158頁.

商品‑貨幣水準の物神化はすでに、資本制よりもはるか以前の諸社会にも存立している、たとえば諸共同体の中で、奴隷あるいは農奴の労働によって生産されたものでも、諸共同体間の関係で商品化され、各共同体がこれを媒介に、多かれ少なかれ相互に依存し合う交換関係のうちに編入されるとき、共同体を単位とする集列性の関係、すなわちいわば、共同態・の・集合態がこれを風化し解体する。[55]

　先行する自身のこの仕事をふまえて『時間の比較社会学』でも真木は、「時間の数量的な把握が、鋳貨において集約されている商品‑貨幣関係の成熟、すなわち共同態(ゲマインシャフト)的な世界の限界を外延的にのりこえて展開してゆくと同時に、内包的にもこれを解体し風化し再編してゆく集合態(ゲゼルシャフト)的な関係の成熟をその生きられる文脈としている」[56]と、先立つ章で述べている。

　そして「内的な合唱と外的な合唱」は最後に、私たちが「時間の圧力」として感じるもの、つまり「時間」が私たちの生を有限なものとして限り、その生の中で私たちが時間に追われ、時間に従わなければならないと感じさせる圧力が、「われわれが内的な共同性を共有していないような他者たちとのあいだの協働連関──したがって、客観的に存立する以外には存立の仕様がないような協働連関──に、現実の生活過程を依存しているという、市民社会的な関係性のうちに内在する矛盾の圧力に他ならない」[57]と述べて、この節を結ぶのだ。

55　真木悠介『現代社会の存立構造』筑摩書房、1977年、41頁. 傍点は原著者。
56　『時間の比較社会学』169頁（現代文庫版、180-181頁）. 傍点は原著者。
57　同、263頁（現代文庫版、279頁）. 傍点は原著者。

「分からなくてはならない」ということではない

　わずか6頁ほどの文章が、それが部分をなす書物の全体の中の他の章や節との関係の中で意味をもち、書き手自身の他の著作や、他の書き手の著書や論考を文脈とし、前提として成立していることの一端を示してみた。

　社会学に限らず学問の言葉と、その言葉が形作る学問の思考はこのように、テクストそれ自体の内部に内的な構造をもつと同時に、同時代や先行する時代の他のテクストや思考との関係の中にある。ここで示したのはごく概略的な読解だが、ベルクのコンチェルトの意味を説明しようとしたヴェーベルンのような、より詳細な読解ももちろん可能なのだ。

　もちろん、そうした読みが最初からできるはずはない。様々なテクストを読み、それらのテクストの内的な構造と、それらが書かれた社会的・歴史的な文脈を学ぶことで、そのような読みができるようになる。

　それに、次の章で述べるように、そうした「全体の構造」をどうしても分からなければならないと考える必要も、実のところないのだ。「全体的な構造」がテクストにはあり、それは当のテクストを超えて拡がる社会的な文脈の中にあるということを知り、テクストを読むときにそのことを意識していることは必要だ。だが、そのすべてを理解しなくてはならない、ということはない。

　次の章ではこのことを考える。

第4章 パサージュの遊歩者のように

1. 『パサージュ論』
部分と全体──テクストと社会

　テクストの全体的で構造的な読解ということを前の章では述べた。もしかしたらそれは、テクストには読まれる以前にあらかじめ書き手によって用意されたすでに確定した「全体の構造」があって、読者の仕事はそれをできるだけ正しく読み解くことであるという印象を与えたかもしれない。そしてその印象は、テクストの対象である社会とテクストの関係についても敷衍されて、次のような理解を導くかもしれない。

　すなわち：

　私たちが研究し、分析し、研究者がそれをテクスト化し、読み手がそれを読み解く以前に、社会にはある「全体性」が存在している。それゆえ、研究者の使命は、できるかぎりその「全体性」をそのまま読み解いてテクスト化することであるし、読み手がめざすべきは、そうした社会の全体性を、テクストの全体的な構造から読み取ることであるのだ。

　そのような理解である。

　前章で述べたように、社会学に限らずたいていのテクストは、個々の言葉や文や段落を越えた全体的な構造の中で読み取られ、それによってテクストの構造の成り立ちも理解されるべきではある。だが、私たちはテクストを構成する単語、文、段落を読むことを通じてし

か、テクストの「全体の構造」に到達するができない。頁をざっとめくったりすることはできるし、目次をながめることもできるのだけれど、そしてそうしたことによってテクストの大掴みな流れや構造をつかめることもあるのだけれど、前章で述べたようなテクストの全体の構造は、それだけでは読み解くことはできない。

　それは、社会学が対象とする社会の全体についても同じである。「政治や経済や法律など、社会の中の特定の領域を対象とする他の社会諸科学とは違い、社会学は社会そのものを全体として対象とする」といったことが書かれた社会学の入門書をしばしば眼にする。だが、そもそも社会は、本のように手にとって、ざっと眺めてみることができるものではない。私たちはいつも社会の中にいるのだが、その私たちが見ることができるのは、つねに社会のなかで私の目の前に現れる部分でしかない。しかも社会というものは個々人の周囲に見える範囲から地球全体にまで及ぶ空間的な広がりをもつばかりでなく、過去から現在にいたる時間的な広がりももっているのだから、その広がりと厚みの「全体」を直接対象化したり記述したりすることなど、どだい不可能なことなのだ[58]。

　ここでは前の章で述べたアドルノ的な「全体的把握」を補完する意味で、テクストの未完結性と読解の「開かれ」について、アドルノの友人だったヴァルター・ベンヤミンの仕事を手がかりに考えてみることにしよう。

『パサージュ論』の"構成"（？）

　哲学者や音楽家であると同時に社会学者でもあり、大学で社会学の講義の教鞭をとったアドルノと異なり、ベンヤミンはフランクフ

58　この点については、若林幹夫『増補　地図の想像力』河出文庫、2009 年も参照。

ルト大学社会研究所の研究員ではあったが「社会学者」ではなく、「批評家」や「思想家」と見なされることが多い。にもかかわらず「複製技術時代の芸術作品」をはじめとするベンヤミンの仕事のいくつかは、今日、社会学者にとって重要な「古典」となっている。そして以下に述べるように未完の草稿として残され、死後出版された19世紀のパリのパサージュ——ガラスの屋根を架したアーケード街——と、それをめぐる諸事物の中に資本主義の「根源の歴史」を探ることを主題とする『パサージュ論』は、そんなベンヤミンの「主著」である。

「主著」と括弧でくくったのは、この書物がいわゆる「主著」と呼ぶにも、そしてまたただ単に「著書」と呼ぶにも、あまりに奇妙な書物であるからだ。なぜなら、私たちが今手にとり、眼にすることができるその本は、執筆途中でその全体像をとりあえず示す目的で書かれた梗概の「パリ—19世紀の首都」を序章のように冒頭にもつが、それ以外は他の書物その他から集められた膨大な抜き書きと、それに対するベンヤミンの注釈や解釈、そしてそれらに導かれたベンヤミンの思考のメモのような断片からなる、資料・草稿集のような本——しかも、翻訳で5巻にもなる——であるからだ[59]。日本語訳の目次を見ると、概要として「パリ—19世紀の首都」のドイツ語草稿とフランス語草稿があり、その後はどの巻にも覚え書きおよび資料という言葉のもと、「A：パサージュ、流行品店、流行品店店員」「B：モード」「C：太古のパリ、カタコンベ、取り壊し、パリの没落」……「J：ボードレール」……「K：夢の街と夢の家、未来の空間、人間学的ニヒリズム、ユング」……「N：認識論に関

---

[59] Walter Benjamin, *Das Passagen-Werk*, Herausgegeben von Rolf Tiedemann, Suhrkampf, 1982. ＝今村仁司・大貫敦子・高橋順一・塚原史・三島憲一・村岡晋一・山本尤・横張誠・與謝野文子訳『パサージュ論』Ⅰ-Ⅴ巻、岩波書店、1993-95年.

して、進歩の理論」……「Ｙ：写真」等々の項目別にベンヤミンの手により分けられた資料・草稿が収められ、最後は初期の草稿である「土星の輪あるいは鉄骨建築」で閉じられるという"構成"をもつ。

とはいえ、これを普通の意味で"構成"と言うことはできない。実際、資料・草稿のグループ分けは上記のようにベンヤミンの手によってなされたとはいえ、それらはメモや草稿の束として残されていたのだし、それらのグループ間の配列は日本語版とドイツ語版とでは同一ではない。また、資料や草稿のいくつかは、ベンヤミンによって他のグループに移し替えることも検討されていた。

ようするに、普通に考えると『パサージュ論』には、アドルノの音楽論に導かれて前章で述べたような、把握されるべき「全体」も「構造」も、存在しないのだ。

2. パサージュと遊歩者
「全体」はどこにあるのか

『パサージュ論』の「Ｎ　認識論に関して、進歩の理論」に分類された文章で、ベンヤミンは次のように書き記している[60]。

> この仕事は、引用符なしで引用する術を最高度に発展させねばならない。その理論はモンタージュの理論ともっとも密接に関係している。［n1, 10］[61]

> この仕事の方法は文学的モンタージュである。私のほうから語ることはなにもない。ただ見せるだけだ。価値のあるものを抜き

---

60 以下、この部分の考察は、鹿島茂『『パサージュ論』熟読玩味』青土社、1996年、7-32頁より示唆を得ている。
61 『パサージュ論』前掲訳書Ⅳ巻、8頁．なお、［　］に入れられたアルファベットと数字は、ベンヤミンによる断片番号である。

第4章　パサージュの遊歩者のように………49

取ることはいっさいしないし、気のきいた表現を手に入れて自分のものにすることもしない。だが、ボロ、くず——それらの目録を作るのではなく、ただ唯一可能なやり方でそれらに正当な位置を与えたいのだ。つまり、そのやり方とはそれらを用いることなのだ。[N1a, 8]　[62]

　完成していたなら『パサージュ論』がどのような形をとり、どんな構造をもっていたのかは分からない。だが、上の引用にしたがえばベンヤミンは、現在私たちが目にするような引用と思考の断片のモンタージュのような組み合わせとして、この本の"全体像"を考えていたらしい。
　「パリ—19世紀の首都」のフランス語草稿によれば、ベンヤミンがめざしたのは、「われわれが前世紀〔＝19世紀：引用者注〕から受け継いだ新しい生活の諸形態や経済的技術的基盤に立つ新しい創造が、いかにして一つのファンタスマゴリーに突入するのであるかを示」[63]すことだった。別の場所では、それは「19世紀からの目覚めを扱う」[64]のであり、「目覚めに際しての夢のさまざまな要素を評価し役立てることこそ、弁証法の公準」で、「それは思想家にとって模範的であり、歴史家にとっては服すべきものとなる」[65]のだと言う。鹿島茂も指摘しているように、ベンヤミンはここで、19世紀が残した言葉の数々——彼はそれをパリ国立図書館で収集した——と、彼が滞在した1930年代のパリに残っていた、パサージュをはじめとする19世紀に由来する建築空間や、それらの内外

---

[62]　同、12頁.
[63]　引用は、『パサージュ論』前掲訳書Ⅰ巻、30頁の、「パリ—19世紀の首都〔フランス語草稿〕」の序章部分より.
[64]　『パサージュ論』前掲訳書Ⅳ巻、23頁.
[65]　同.

を彩り、あるいは骨董店やボロ市で目にしたであろう前世紀の様々な生産物を、19世紀が見た「集団の夢」のかけらのようなものとして捉え、その夢からの目覚めの中で、それらの要素を評価し、役立てようとしたのである[66]。

そうだとすれば、『パサージュ論』にとって目指すべき「全体」とは、「19世紀」とそれが見た「集団の夢」だったのだということになろう。それを抜き書きと思索のメモの組み合わせによってモンタージュのように示す作業としての *Passagen-Werk*——これは直訳すれば「パサージュの作業」、あるいは「通り抜けの仕事」である——に、ベンヤミンは携わっていたのである。膨大な抜き書きは19世紀の集団の夢からの引用であり、それを配列し、時に入れかえることでベンヤミンは、彼の愛したパノラマ館[67]のように、19世紀の集団の夢を魔術幻燈として示し、人びとにそうした夢を見させていた19世紀の「根源」を捉えようとしていたのである[68]。

外延なき全体、外側のない家

誰もが知っているように、夢の「全体」は見ている最中はもちろん、目覚めた後でも捉えがたい。そもそも夢にそんな「全体」があるかどうかもわからない。だが、ある夢は私の生のなかで、他の夢

---

66 鹿島、前掲書13-32頁.
67 パノラマ館とは、風景を描いた細密画を重層的に配列し、閉じられた室内に野外の景観のイリュージョンを創り出す視覚的見世物で、類似したものに長方形のスクリーンに描いた風景に光を当ててイリュージョンを生み出すジオラマ館があった。ベンヤミンはこれら両者を共に「パノラマ館」と呼んでいる。パノラマと近代の都市的環境、都市的経験については、若林幹夫『都市のアレゴリー』INAX出版、1999年、第五章も参照。
68 『パサージュ論』前掲訳書、Ⅳ巻、17頁所収のベンヤミンのメモ［N2a, 4］を参照。「根源 Ursprung」や「根源史 Urgeschichte」、「原現象 Urphänomen」といった「根源-」「原-」を接頭辞にもつ概念はベンヤミンの思想のキーワードだが、ここではそれについて立ち入らない。本文の「根源」を言い換えれば、「深層構造」や「原型」、「原基」といった言葉になるだろうとのみ、ここでは述べておく。

や、目覚めている時の体験や経験や振る舞いとともに、私の生の全体をかたちづくっている。そしてもちろん、自分自身の生のその全体も、私たちはしかとはつかむことができない。同じことは、ベンヤミンが言う「集団の夢」──「集団の夢」という詩的な表現が社会科学的でないというなら、「社会意識」や「共同幻想」と言い換えてもいい──についても、そしてその夢を見ている社会についても言える。『パサージュ論』のテクストはそれ自体、こうした社会とそれが見る夢のパノラマ的縮図のように、内側はあってもその外延は定かではない「全体」の換喩的縮図[69]として存在しているのだ。

　ところでベンヤミンは、『パサージュ論』のなかで次のように述べている。

　　パサージュは外側のない家か廊下である──夢のように。[L1a, 1][70]

やはり『パサージュ論』の中の、1852年の『絵入りパリ案内』からの引用によれば、パサージュは「いくつもの建物をぬってできている通路であり、ガラス屋根に覆われ、壁には大理石が貼られている。建物の所有者たちが、このような大冒険をやってみようと協同したのだ。光を天井から受けているこうした通路の両側には、華麗な店がいくつも並んでおり、このようなパサージュは一つの都市、いやそれどころか縮図化された一つの世界とさえなっている」[71]。だとすれば『パサージュ論』という書物のあり方は、その対象であるパサージュに似ており、それを読むことは、そんなパサージュを

69　「換喩（メトニミー）」とは、部分によって全体を表す修辞である。
70　同、Ⅲ巻、48頁.
71　同、Ⅰ巻、63頁.

歩くことに似てはいないだろうか。

　パサージュの両側に並ぶ店にはショウウィンドウがあり、そこには 19 世紀の集団の夢が「物のかたちに凝固した事物」[72] である流行の商品が並んでいて、その周りには商店や商品の看板やポスターが並んでいた。街路にはそれらを魔術幻燈（ファンタスマゴリー）として眺め、読み解く「遊歩者（フラヌール）」と呼ばれる人びとがいた。ベンヤミンと、彼に導かれる『パサージュ論』の読者も、19 世紀の集団の夢の断片の間を遊歩者たちのようにそぞろ歩き、立ち止まり、行きつ戻りつして、19 世紀の「根源」が表象されたファンタスマゴリーとしてそれらを読み解くのである。

3. 部分から読む

注意分散

　パサージュを歩く遊歩者たちは、テクストを読むようにパサージュの風景を眺め、読み解いてゆく。遊歩者は、パサージュで見かける商品や、そこを歩く人びとの姿に感情移入したり、そこから夢想や追想をし、時にそれに陶酔したりもしたのだが、アドルノの音楽聴取者たちのように真面目に、集中してそれらの事物に臨み、その全体の構造を理解しようとしていたのではない。

　ベンヤミンの仕事の中でも社会学系の研究者や学生たちにもっともよく読まれてきたのは、1935 年から 39 年にかけて『パサージュ論』の仕事を進める中で書かれた、「複製技術時代の芸術作品」だろう[73]。この論文でベンヤミンは、写真や映画やレコードのような機械的な複製が芸術作品から「アウラ」を喪失させるという、メディアと大衆文化を論じる際に後々まで大きな影響を与えるテーゼ

72　同、I 巻、30 頁.

——だが、そこでベンヤミンが本当に言いたかったのが実のところどういうことだったのかは、議論の余地がある——を提起したことで知られているが、ベンヤミンはそこで、複製技術時代の芸術が大衆に受容されるあり方について、「気散じ」「注意分散」「気の散った状態」といった言葉で表現している。

　こういう嘆きの声が聞かれる——芸術愛好家は精神を集中して芸術作品に近づくのに対し、大衆は芸術作品に気散じをもとめている。芸術愛好家にとって芸術作品は一心不乱な帰依の対象であり、大衆にとっては娯楽の種である、という声である。この点はもっと子細に見てみる必要がある。気散じと精神集中との対立について、次のような言い方ができる。芸術作品の前で精神を集中する人は、作品のなかへ自分を沈潜させる。……（中略）……。それに対して気の散った大衆の方は、芸術作品を自分たちのなかに沈潜させる。[74]

パサージュを行く遊歩者たちもまた、そうした気の散った態度でパサージュの景観を眺めつつ、その断片を自らの中に沈潜させ、そこに夢想を遊ばせていたに違いない。

「複製技術時代の芸術作品」を草稿の段階から読んでいたアドルノは、「音楽における物神的性格と聴取の退化」を書くにあたり、ベンヤミンのこの指摘を強く意識していた。

73　Walter Benjamin, "Das Kunstwerk im Zeitalter seiner technischen Reproduzierbarkeit". この論文は、初稿が 1935 年、第 2 稿が 1935-36 年、第 3 稿が 1939 年に完成している。以下の引用は、1936 年にフランクフルト大学社会研究所の『社会研究紀要』に掲載された第 2 稿の翻訳、久保哲司訳「複製技術時代の芸術作品」浅井健二郎編訳・久保哲司訳『ベンヤミン・コレクション I ―近代の意味』ちくま学芸文庫、1995 年、583-640 頁による。
74　「複製技術時代の芸術作品」、前掲訳書、624 頁．

芸術作品の「アウラ的」性格、つまり仮象(シャイン)の要素が、遊びの要素に取って代わられるひとつの行き方と見て、こうした聴き方を救おうと試みる向きがあるかも知れない。しかし映画の場合がどうであるか別問題として、今日の大衆音楽が、魔力からの解放の方向で進歩をしめしているとは言い難い。[75]

　社会学やメディア研究、文化研究になじみのない読者には、一読わかりにくい文章だが、ここでアドルノは、「複製技術時代の芸術作品」でベンヤミンが映画を主たる題材に提起したことが、少なくとも音楽に関してはあてはまらないのだと述べている[76]。先に述べたように、ベンヤミンの言う「アウラ」とは何なのかについては議論の余地があるのだが、さしあたりここではそれを、写真や映画のような機械的な複製技術が登場する以前の芸術作品にあった「唯一無二」の「真正さ」がもつものであり、人がそれに対して「礼拝」や「真面目さ」や「厳格さ」をもって接するような何か、として理解しておこう[77]。(アドルノがそれを「仮象の要素」と呼んでいるのは、そのような芸術においては直接感覚可能な表現は、そうした表現の彼方にある「根源」を代理＝表象(re-present)する「仮の像」であるからだ。) それに対して写真や映画のように機械的複製技術が生み出す芸術に、人はそのような「アウラ」と共にある仮象を見ず、それと戯れ、遊ぼうとする。そしてそんな時、人は写真や映画に対して、たとえば絵画鑑賞のときのように真面目にそれを凝視するのではなく、「気が散っ

75　アドルノ「音楽における物神的性格と聴取の退化」、前掲訳書、76頁.
76　「魔力からの解放」は、マックス・ヴェーバーが近代社会の趨勢について述べた、いわゆる「魔術の園からの解放」をふまえていると共に、後にアドルノがマックス・ホルクハイマーと共に著す『啓蒙の弁証法』の文化産業批判の主題を先取りしているのだが、それについてはここでは立ち入らない。
77　「複製技術時代の芸術作品」、前掲訳書、588-599頁.

た状態」で接するのだとベンヤミンは言う。

　対してアドルノは、「映画が注意分散の状態において観客に受け取られるというベンヤミンの指摘は、軽音楽についてもそのまま当てはまる」[78] と言う。クラシック音楽を全体的に把握し、その構造を聴き取る愛好家的な芸術の受容とは異なる、気散じ的であるがゆえに作品に沈潜せず、むしろ芸術を自分たちの側に引き寄せる大衆の受容態度にベンヤミンは新しい可能性を見て取っているのだが、アドルノは映画と同じように注意を拡散させて音楽を聴く大衆たちに、「聴取の退化」を見る。

全体と開かれ

　だが、アドルノの言う「構造的聴取」による「全体的な把握」と、ベンヤミンが大衆の映画受容の中に見て取る「気散じ的な受容」による映像のカットや事物の断片の受容とは、必ずしもつねに互いを排除しあう対立関係にあるわけではないだろう[79]。とりわけ「社会（学）を読む」という、ここでの主題に関してはそうである。

　社会学者は、この社会に現れる様々な現象を、同時代の社会の広がりにおける様々な他の現象と関連するメカニズムの中で生じるものとして、そしてまた当該の社会を越える人間の社会の歴史的・空間的な広がりにおける類似の事象や異なる事象との比較において、分析し、理解し、説明しなくてはならない。そこでは社会学者は、ある社会の全体の中で、そしてまた人間の社会の全体の中で、ある

78　「音楽のおける物神的性格と聴取の退化」、前掲訳書、60 頁.
79　アドルノの主題である音楽についても、たとえばグスタフ・マーラーやチャールズ・アイヴズの音楽は「気散じ的な構造」とでも言うべきコラージュ状の成り立ちをもつ。アドルノも、マーラーの作品の「破綻」したあり方にこそ可能性を見出していた。これについては Theodor Adorno, *Mahler: Eine musikalische Physiognomie*, 1960. ＝龍村あや子訳『マーラー──音楽観相学』法政大学出版局、1999 年、を参照。

社会現象を捉え、分析し、理解し、説明しようとする。そしてそれを、ある全体性をもったテクストとして、論文や著書という形で書き上げ、それを読者に提示する。読者はそのテクストの個々の言葉を、論文や著書の全体の構造において読み解き、それによってある社会現象を、それが生じた社会の全体の構造や、人間の社会の全体における現象として理解しようとする。

 だがしかし、社会学者が実際に対象化し、取り扱うのはつねに人間の社会のなかのごく限られた部分に過ぎず、その全体を想定し、仮説的な抽象として考えることはできるにしても、それを直接対象とすることなどできない。だから、そこで書かれたテクストは、つねに社会の全体に対する換喩的な表象なのだ。他方、読者の前には一見、あるテクストが、始まりと終わりによって外延を区切られた全体として与えられているように見える。けれども、たとえば今読まれているこの文章が、引用や注という形でその外側の様々なテクストを参照しており、またここで用いられる言葉や論法が、必ずしも明示的に示されない場合でも、これまで書かれてきた社会学者をはじめとする様々な著者たちのテクスト群に由来するものであるように、テクストは先行する様々なテクストとの間－テクスト的関係の中にある。

 書物とは、そして思考とは、ある全体性を目指しながら、つねに完結しない開かれの中にあって、他のテクストと、それらを生み出した他者たちの思考とともに、いつか到達できるかもしれない世界の全体としての理解を目指すものなのだ。パサージュを歩く遊歩者たちのように、研究者は見えない全体の中で、けれどもその全体を捉えようという理念のもとに、対象化可能な世界の断片からその全体を捉えようとする。どんな大著でも、テクストの「全体」とはそのような試みの一部をなす、とりあえずの断片なのだ。

第5章 1849年の人類補完計画
――清水幾太郎『オーギュスト・コント――社会学とは何か』

1. 社会学の「起源」
社会学とは…

「社会学の本や、それをどう読んでいくかということについてはある程度わかったような気がするけれど、「社会学とは何か」ということについては、一向によくわからない。」

本書をここまで読んできて、少なくない数の読者はそのような疑問を感じているかもしれない。それには結局、社会学の本や論文を読み、それらから読み取った言葉や視点や考え方を使って自分で社会を"読んでみる"――つまり"社会学してみる"――しかない、というのがここでの私の基本的な考えである。だが、社会学とは何かがわからないなら、書籍の分類に頼る以外にどうやって「社会学の本」、とりわけ「読むべき社会学の本」を見つければよいのだろう。

実際、社会学の本――狭い意味でも、広い意味でも――が対象とするものは社会の様々な領域にわたっていて、それらを対象化し、考察する仕方もいろいろである。それらがたとえば経済学や政治学や法律学とは違うらしいということはわかるとしても、ではそれらが皆「社会学」である所以はどこにあるのか？ しかも、あるものは歴史学のようにも見えるし、あるものは哲学のようにも見える。広義の〈社会学の本〉は、歴史学や哲学や思想史など、通常は「社会学」とは見なされない分野のものにまで及ぶというではないか。一体何を以てそれらを〈社会学の本〉と見なしうるのだろうか。

そのことを考えるためにここでは、社会学の公認の「起源」に、すなわち「社会学 sociologie」という学問の名前の起源に遡ってみることにしよう。

創始者にして教祖

　「社会学」という言葉の起源も、その名を最初に唱えた人の名もはっきりしている。オーギュスト・コント（1798-1857）が、『実証哲学講義』（1830-42）で「社会学 sociologie」という言葉と学問を創唱したのが、社会学の始まりである。社会学は学説史的な意味での起源も名付け親も分かっている、比較的珍しい学問なのだ。

　清水幾太郎『オーギュスト・コント─社会学とは何か』によると、この「社会学の父」は次のような人物だった。

　　コントは、一口で言えば、十九世紀のフランスの大思想家、もう少し詳しく言えば、第一に、天才的な数学者であり、第二に、実証主義という哲学の創始者であり、第三に、「社会学」(sociologie)という言葉を初めて作り、社会学の最初の体系を建設した学者であり、第四に、「人類教」という宗教を創め、その大司祭になった人物である。特に、私が専攻した社会学という学問では、経済学でアダム・スミスが占めているのと同じ地位を占めている。[80]

　数学者で哲学者というのはともかく、「人類教の大司祭」とは、まるで怪しげなカルトの教祖のようではないか。

　現代の社会学と社会学者たちにとってコントより格段に影響力をもつマックス・ヴェーバーは、『社会科学と社会政策にかかわる認

80　清水幾太郎『オーギュスト・コント─社会学とは何か』岩波新書、1978年. →特装版・岩波新書評伝選、1995年、2頁.

識の「客観性」』で次のように述べている。

　　経験科学は、なんぴとにも、なにをなす・べ・き・かを教えることはできず、ただ、かれがなにをなし・う・る・か、また——事情によっては——なに・を・意・欲・し・て・い・る・か、を教えられるにすぎない。[81]

　これは、研究者個人の価値観にもとづく「なにをなすべきか＝当為」と「なんであるか／ありうるか＝存在」とを区別して、まずは「当為」を括弧に入れて「存在」の認識を第一義とすべきであるという、「価値自由 Wertfreiheit」として知られる原則をヴェーバーが述べた部分である。この規準にしたがうなら、実証主義を唱え、それにもとづいて社会学を創始しながら、最後には自ら「人類教」の大司祭となったコントの振る舞いは、科学者としての規(のり)を越えてしまったものにも見えよう。

　だからこの「最初の社会学者」は、現代の社会学者から見ればちょっとやっかいな存在だ。実際、現代につながる社会学の起源はコントではなく、ヴェーバーやデュルケムやジンメルといった、19世紀終わりから20世紀はじめの社会学者たちの仕事に求められるのが通例だ。現代の社会学者にとってコントは、少なくとも表面上は、直接的な影響力をほとんどもたない「名目上の初代」のような存在なのだ。

清水幾太郎『オーギュスト・コント』を読む
　日本でも、コントの著作は部分的な訳書はあるけれど、体系的に

---

[81] Max Weber, "Die 'Objektivität' sozialwissenschafticher und sozailpolitischer Erkenntnis", *Archive für Sozialwissenschaft und Sozialpolitik*, Bd.19, J. C. B. Mohr, 1904, S.22-87.＝富永祐治・立野保男訳・折原浩補訳『社会科学と社会政策にかかわる認識の「客観性」』岩波文庫、1998年、35頁.

紹介されているとは言い難い[82]。今日、社会学を学ぶ学生も、そしてまた社会学研究者もコントの著作はほとんど読まない。ここで参照するのもコント自身の著作ではなく、先に引用した清水幾太郎（1907-88）の、『オーギュスト・コント─社会学とは何か』という小さな書物である。「それじゃあ"孫引き"じゃないか」と言われればその通りなのだが、この章の主題であり、清水がその副題にかかげた「社会学とは何か」ということを考えるうえで、この本はきわめて示唆的なのだ。

　タイトルの通りこの本は、コントの半生をたどりつつ、コントがなぜ「社会学」という学問を唱え、その後なぜ「人類教」という宗教を創始するにいたったのかを、評伝風に書いたものだ。「なぜ『社会学』という学問を唱え、その後なぜ……」と書いたように、清水のこの本は、実証主義という哲学を唱えた社会学の創始者が同時に人類教という宗教の開祖となったことの意味が、「社会学とは何か」という本質的な問いにかかわるものとして考察されている。それはまた、ヴェーバー、デュルケムという社会学の二人の古典的巨人が共に宗教を研究の主対象とし、それを通じて考えられたことが現代の社会学にとって重要な礎となっていることとも関係している。

　この書物でもうひとつ興味深いのは、コントの評伝であると同時に、清水幾太郎という社会学者の学問的自伝（の一部）としても読むことができることだ。この本の第Ⅰ章は、1971年4月3日の土曜日に、コントの生地であるモンプリエ（Montpellier、パリ風の発音だと「モンペリエ」）を清水が訪ねた時の回想から始まり、その後、若き日の清水がどのようにしてコントの社会学と出合ったのかが述

82　清水幾太郎責任編集『世界の名著36　コント　スペンサー』中央公論社、1970年に、「社会再組織に必要な科学的作業のプラン」、「実証精神論」と、『実証哲学講義』の第四巻の一部が霧生和夫訳で訳出されている。

べられて終わる。第Ⅱ章からは評伝らしくコントの人生がたどられるが、それでも随所に著者自身の回想がはさまれる。そして最後の章の終わりの部分では、1954年8月24日に清水が初めてパリの人類教教会を訪れ、その翌日にコントの墓に詣でたことや、その20年後の1975年10月17日にブラジル、リオ・デ・ジャネイロの人類教教会を訪れたこと、その教会の指導者らと清水との交流が語られて、書物全体が閉じられる。この本ではコントの生涯が、著者である清水幾太郎のコントとの関わりについての回想に額縁のようにはさまれていて、しかもその額縁の中のいわば「絵」にあたる部分にも、その描き手自身がしばしば現れるのだ。描かれる出来事に細かい日付や曜日が入るのは記録や日記、伝記のスタイルだが、この本の清水の回想にもそうした日付や曜日が記されていることは、著者がそれを自伝的回想としても書いたことを示している。『オーギュスト・コント』は、コントとその時代にとって「社会学とは何か」を述べた本であると同時に、著者である清水にとって「社会学とは何か」を自問自答するものでもあるのである。

2．人類教
廃墟から

　『オーギュスト・コント』の第Ⅰ章で、自身が社会学を志したきっかけを、清水は次のように述べている。

　ところが、三年生〔旧制中学の三年生：引用者注〕の時、大正十二年の関東大震災に遭い、家が潰れて焼けて、私たち一家は完全な無一物になってしまった。自分でもよく判らないが、地震のショックが、それまで手当たり次第に読んできたアナーキズムの文献から得た断片的知識の枯草に点火したとでも考えるべきか、

俄かに医者志望を捨てて、その頃はまだ世間に知られていなかった社会学という学問の研究者になろうと決心した。[83]

このことについて清水は別の場所で、次のように説明している。当時、清水は「貧民窟」と呼ばれた東京の柳島横川町に住んでいたのだが、「この東京中の貧困と不潔とが結晶したような土地で、私は関東大震災にも遭（あ）ったし、また大震災後の諸事件（大杉栄（おおすぎさかえ）一家の虐殺（さつりく）、朝鮮人の殺戮（しげき）など）に刺戟（しげき）されて、自分の一生を社会学に献（ささ）げようと決心」[84]したのだ、と。地震による東京の物理的破壊と社会的な混乱の中で、清水が社会学を志したことがわかる。そして、そのような自分の社会学の原点を、彼はコントと重ねて考える。

コントの学者としての、というよりも人生の出発点は、第Ⅱ章のタイトル「フランス革命の廃墟に立って」が示すように、革命後のフランス社会の混迷にある。この章で清水は、敬虔なカトリック信者だったコントの両親が、息子も立派なカトリック教徒になることを祈って何人もの聖人にちなんだ名を与えたこと、にもかかわらず当時、革命による教会の閉鎖、教会財産の没収、司祭の処刑や逃亡などがあり、キリスト教に代わるべく教会が「理性の神殿」に改造されたり、人びとの宗教的パッションを新たな国家に向けさせるべく革命政府が新たな祭典を組織したり、毎日のそれぞれが聖人に献げられているカトリックの「聖会暦」に代わり、月の名は「葡萄月」や「霜月」など季節の移りゆきにちなむものとし、一日一日には家畜・農具・果実・野菜の名を与えた共和暦が制定されたりしたことを述べてゆく。それらは「カトリックの祭典に代って、国民を、新

---

83 『オーギュスト・コント』前掲書、4頁.
84 清水幾太郎「コントとスペンサー」『世界の名著36 コント スペンサー』前掲書、8頁。大杉栄はアナーキズムの指導者だった。

しい感情、昂奮、信仰へ導き、それによって、革命時代の日常生活に新しい安定を与えようとするもの」[85] であり、祭典以外の日常生活の時間も「啓蒙思想が神に代る地位へ高めた自然と人間との関係」[86] によって意味付けようとするものだった。

　革命政府によるこの「改革」は、けれども社会の混乱を収拾することができず、憲法は繰り返し改正され、ギロチンによる処刑も繰り返された。そうした時代にコントは生まれ、1802 年の法令でモンプリエにも設立されたリセで学び、そこで知的卓越のみを権威として認める不羈の精神を成長させて、カトリックの信仰を捨て、共和主義者にして革命派となった。そして卒業後、1794 年に国民公会がエコール・ノルマル・シュペリウール（高等師範学校）と共に設けた最高教育機関、エコール・ポリテクニーク（理工科大学校）に入学した。コントは革命の時代に生まれ、その時代の精神の中で自己形成していったのである。

実証主義と社会学

　だが 1816 年、コントは教師に対する反抗の首謀者のひとりとして、エコール・ポリテクニークから退学の処分を受ける。その後は独学を続けつつ、一時期は社会主義者サン゠シモンの秘書を勤め、エコール・ポリテクニークの復習教師や入学試験官、そして数学の個人教授などでなんとか生計をたてながら、1922 年には実質的な処女作となる論文「社会を再組織するために必要な科学的作業のプラン」（以下、「プラン」）をサン゠シモン編集の『産業組織』の一冊として刊行し、1826 年 4 月から自宅で全 72 回の予定で『実証哲学講義』を開始し、精神異常による中断を経て 1829 年 9 月に終

85　『オーギュスト・コント』前掲書、32 頁.
86　同、33 頁.

了した後、1830年から42年にかけて全6巻本としてそれを刊行する。

上述の「プラン」でコントは、今でも社会学説史の教科書にのっている「三段階の法則」——人間の精神は神学的段階・形而上学的段階・実証的段階の三段階を経て進化する——を示し、『実証哲学講義』で、諸学問の進化の最後に実証的段階に達して諸科学を綜合する学問に"sociologie"、つまり「社会学」の名を与えた。「社会学」の公式の歴史は、ここから始まる。だがそれは、現代の社会学と比べて、いや19世紀の終わりから20世紀のはじめにかけて現代の社会学の基礎となったウェーバーやデュルケムやジンメルの社会学と比べても、ずいぶんと違ったものだ。『実証哲学講義』の完成の意味を、清水は次のように説明している。

> この大著述が完成したというのは、第一に、神学的及び形而上学的段階に止まっていた社会的政治的現象の研究が最後の実証的即ち科学的段階に上ったということであり、第二に、諸科学が社会学的精神によって統一され、それらの綜合としての実証哲学が完成したということであり、第三に、フランス革命後の新しい秩序（「真実の革命」）の精神的基礎が作り出されたということである。[87]

コントにとって実証哲学は、世界の成り立ちを実証的に明らかにする知の体系であると同時に、新しい世界のあり方を提示する実践的なものでもあった。それは「存在」を明らかにすると同時に、学問の進化はかくあるべしという「当為」と、その学問による秩序の建設という「当為」を示すものなのだ。実際、実証主義は19世紀

---

87 同、152頁.

半ばにメキシコとブラジルで、近代化を進めるための国家公認の思想となった。ブラジルの国旗には地球をめぐる帯に "ORDEM E PROGRESSO" =「秩序と進歩」と書かれているが、これは実証主義の標語である。現在でもメキシコ・シティの大きな書店では、コントの著書のスペイン語訳が売られている。

人類教

さて、『実証哲学講義』で実証哲学と社会学の大系を完成させた後、1848 年に出版された『実証主義の全体を論ず』の結論を「人類教 Religion de l'Humanité」と題した。

> 人々は、互いに見つめ合うことによって結ばれるよりも、或る大いなるものを共に仰ぎ、これを信じ、これに融け込むことによって結ばれる。昔、人々は、共に神を仰ぐことによって結ばれていた。神学的宗教の時代であった。その後、自然を仰ぐことを勧める啓蒙思想家たちが現われた。しかし、彼らは、人間は信ずるために生まれたのであって、疑うために生まれたのではないという単純な事実を忘れて、同時に、疑うことを人々に勧めたため、人々は、結合でなく、闘争へ駆り立てられることになった。結果はフランス革命であった。今、コントは、神でなく、自然でなく、人類を、私たちが仰ぎ、信じ、それに融け込む大いなるものとして示した。[88]

1844 年、コントはクロティルド・ド・ヴォーという女性に出会い、愛するようになったが、1846 年に結核で彼女は死去する。その後、

---

[88] 同、192 頁.

コントの中で彼女は「聖クロティルド」として昇華されて崇拝の対象となり、1847 年にはコントは「人類教」を説き始め、1849 年には「人類を愛情及び崇拝の対象とする人類教の教会を設立し、自ら大司祭になった」[89]。モーゼ、アリストテレス、ダンテ、シェークスピア、デカルトらを月々のパトロンとする「実証主義暦」を制定すると共に、ネロ、ロベスピエール、ナポレオンなど「人間間の調和を破った人間」を人類から排除し、人間の一生に「九つの社会的秘蹟」を定め、朝・昼・晩には祈祷をし、毎晩弟子たちに教義を説き、1857 年にコントは死んだ[90]。

3. 社会学のただ一つの問い
連帯とコミュニティ

　人類教を創始した後、コントは後期の大著『実証政治学大系』4 巻を 1851 年から 54 年にかけて刊行し、「実証哲学の全体を論ず」はその巻頭に 400 頁にわたる長大な序論として収められたが、その第 2 巻で社会学よりさらに上位に「『偉大な抽象的なイェラルシーの第七の最後の段階』として、『倫理学』(la morale) が現われ、それが『真の人間学』(la véritable étude de l'homme, la véritable anthropologie) と呼ばれる」[91]。清水はそれを、「ナポレオンが武力によって全ヨーロッパに作り上げようとした平和、秩序、福祉」を「他の平和的な方法によって作り上げようとしていた」、フランス革命後の思想家たちが一様に目指した「コミュニティ」の、コントなりの発見の仕方として説明する[92]。

89　同、193 頁．コントとクロティルド・ド・ヴォーの交流については、同書 163-171 頁を参照。
90　同、194-195 頁、197-198 頁．
91　同、190-191 頁．
92　同、189-190 頁．

コミュニティは、打算的な契約当事者間の人間関係でなく、感情的結合を含む全人間的な結合、即ち、道徳的集団として考えられていた。そのモデルは家族に求められ、また、その偉大なる先例は、一つの宗教によって人々が堅く結ばれた中世にもとめられた。新しいコミュニティは、更に偉大なる新しい宗教を必要とする。[93]

　コミュニティやゲマインシャフトを飽くまでも求めて行けば、社会学は何時かは倫理学へ流れ込む。社会学の創始者コントは、それを私たちに示した。[94]

だが、社会学から倫理学や宗教へのこの転換は、『実証哲学講義』ですでに萌していたとも言えそうだ。そこでコントは「生物有機体、特に社会有機体の諸現象の特徴は『コンセンシュス』（consensus）にある」[95]としていた。これは「ソリダリテ」（連帯関係）とも呼ばれ、「植物、動物、人間、社会という生命体において、もっとも顕著」で、人類においては「時間の流れのうちで、歴史的継続性として、不断の蓄積の過程として現れる」のであり、それゆえ社会現象の観察に際しては「全体の精神」、「ソリダリテの観念」、「継続の観念」が不可欠である[96]。実証的な科学によって観察される「全体」と「ソリダリテ」と「継続」を、現実に人びとが生きる秩序にするためものとして、「人類教」は提唱されているのだ。
　コントにとって人類の歴史は、人類が不完全な状態からより進歩して完全なものになってゆく過程であり、社会学はそうした過程を

93　同、190頁.
94　同、191頁.
95　同、131頁.
96　同、131-133頁.

明らかにすると同時に、その完成に寄与すべきものだった。そして、その先に現れた人類教は、学問の客観的方法によっては不可能な人類全体の完成を可能にする「人類補完計画」だったのだ[97]。

社会とは何か

社会学に多少でも触れたことのある読者はここで、デュルケムのことを思い浮かべるかもしれない。デュルケムは『社会分業論』で、産業社会における新たな連帯の原理として「分業＝有機的連帯」を見いだした。『自殺論』ではカトリックとプロテスタントにおける自殺率の違いを宗教の社会的拘束力の違いから説明し、『宗教生活の原初形態』では人びとの社会的連帯を支える「集合表象」として神や宗教を考察した[98]。伝統的な社会では社会＝連帯を支えた宗教に代わるものを、デュルケムは産業社会の分業の中に見ようとした。そしてまた、マックス・ヴェーバーも、近代資本主義の〈精神〉の起源をプロテスタンティズムの宗教倫理に見いだし、西欧とそれ以外の社会の違いを宗教の違いから解き明かそうとしたのだった[99]。

---

97 「人類補完計画」は『新世紀エヴァンゲリオン』で謎の秘密組織"ゼーレ"が、人類の一体化をめざして推進していた計画である。こうした「人類完成の夢」はコントやその同時代人のヘーゲル、マルクスなど多くの思想家を捉えた主題で、マクルーハンのメディア論やインターネットをめぐる現代の議論にもそのヴァリアントを見ることができる。この点については、本書11章も参照。アニメをはじめとするサブカルチャーの主題は、しばしば現代人にとってのそうした「神話」に"起原"をもっている。

98 Émile Durkheim, *De la division du travail social*, F. Alcan, 1893. ＝井伊玄太郎訳『社会分業論』講談社学術文庫、1989 年。*Les suicide: étude de sociologie*, F. Alcan, 1897. ＝宮島喬訳『自殺論』中公文庫、1985 年。*Les formes élémentaires de la vie religieuse: le système totémique en Australie*, F. Alcan, 1912. ＝古野清人訳『宗教生活の原初形態』岩波書店、1975 年。

99 Max Weber, "Die protestantische Ethik und der »Geist« der Kapitalismus", *Gesamelte Aufsätze zur Relifionssoziologie*, Bd. 1, 1920. ＝梶山力・大塚久雄訳『プロテスタンティズムの倫理と資本主義の精神』上下、岩波文庫、1955-62 年。"Die Wirtschaftsethik der Weltreligionen, I, Konfuzianismus und Taoismus", *Gesamelte Aufsätze zur Religionssoziologie*, Bd. 1. ＝木全徳雄訳『儒教と道教』創文社、1971 年。"Die Wirtschaftsethik der Weltreligionen, III, Das antike Judentum, *Gesamelte Aufsätze zur Relifionssoziologie*, 1917. ＝内田芳明訳『古代ユダヤ教』岩波文庫、1996 年。

あえて単純化して言えば、人間の歴史を通じて宗教的なものが社会を可能にしてきたし、それゆえ社会を可能にするものはどこか宗教的なものであるという、仮定ないし直感がこれらの人びとの仕事にはある。

今日、私たちの多くは、社会を可能にするものが必ずしも宗教的なものだとは思わないだろう。では、コントが、そして清水が言うように「倫理（学）」と言い、あるいは、さらに平たく「価値意識」や「価値観」と言ったらどうだろう。そうしたものなしに、私たちが「社会」と呼ぶものは可能だろうか。

『オーギュスト・コント』を著す数年前、清水幾太郎は自ら「奇妙な書物」[100]と呼ぶ『倫理学ノート』を書いた。清水の生前に企画された著作集の宣伝パンフレットで、清水はこの本を次のように説明している。

　　本書を貫いているのは憤りである。「善は定義出来ない」と冷たく言うムア、それに感激するケインズ、そこから生まれた今世紀倫理学の正統に触れた途端、私の憤りは爆発した。腹の立つ相手に不足はない。……（中略）……。元凶はデカルトだ、と気づくと同時に、デカルト主義者からデカルトの敵に廻った転向者ヴィーコが私を慰めてくれた。[101]

そしてその本の中で清水が、ヴィーコに続いて取り上げているのがコントなのだ。「コミュニティやゲマインシャフトを飽くまでも求めて行けば、社会学は何時かは倫理学へ流れ込む」と書いた時、

100　清水幾太郎『倫理学ノート』岩波書店、1972年．→講談社学術文庫版、2000年、404頁．
101　川本隆史「『倫理学ノート』私記―二五年後の感想」、『倫理学ノート』上記文庫版、464-465頁から重引。なお、この著作集は結局刊行されなかった。

おそらく清水は、震災の廃墟の中で社会学を志した自分が、それから半世紀の学問的・政治的遍歴の後に、『倫理学ノート』を書くに到ったことを念頭においていただろう[102]。

さて、「社会学とは何か」という私たちのここでの問いに、さしあたり答えなくてはならない。コントや清水が言うように、社会学が倫理学や宗教なのだというのではないし、新たな社会とその秩序の建設に役立たねばならないというのでもない。宗教や倫理のように人間と人間の交感や連帯を可能にし、それによってばらばらな個人を社会という関係の秩序を生きることを可能にするものは何かを問うこと。それが「社会学とは何か」という問いへの答えである。コントの、そして清水の人生が示すのは、そのような問いを生きることによって人は〈社会学をする人〉、つまり社会学者になるのだ、ということである。

どんな社会学の本の根底にも「社会とは何か？　それはいかに可能か？」というただ一つの共通の問いがあり、どんな社会学の本もこのただ一つの問いの変奏と、それに対する様々な応答の試みである。そのような問いと答えが読み取れるなら、それは〈社会学の本〉なのだ。

---

102 このことをよく考えるためには、清水の学問的・政治的半生をたどる必要があるのだが、ここではその余裕がない。清水幾太郎『わが人生の断片』上・下、文藝春秋、1975年や、中筋直哉「清水幾太郎—現代社会学の先駆者の栄光と困難」川合隆男・竹村秀樹編『近代日本社会学者小伝—書誌的考察』勁草書房、1998年などを参照されたい。

第6章 共同体と社会の"ねじれ"

1. コミュニティへの問い

　コントによる社会学の創始の前提には、フランス革命の廃墟の中で発せられた「コミュニティ」や「コンセンシュス」、「ソリダリティ」への問いがあった。だが、そんなコントの晩年の宗教への転換に、反動的で時代錯誤な感じを受ける読者も多いだろう。このことを考察した部分で清水が記した「コミュニティの発見は中世の発見であった。宗教の発見であった。」[103]という言葉は、そうした感覚を裏書きするものだ。

　中世以前と同じようなコミュニティや宗教の中には、もはや近代以降の社会における共同性や交感関係や連帯を求めることができないからこそ、「社会とは何か？　それはいかに可能か？」という問いが発せられるのだ。だとすれば、そこでなされるのは中世や宗教の単なる発見ではありえないし、ましてやノスタルジーでもありえないだろう。

　もちろん社会学は、「コミュニティ」や「宗教」も対象とする。だが、そうしたものを取り扱うときも、ましてやそれ以外の「市民社会」や「企業組織」やその他諸々の領域を取り扱うときも、近代以降の社会では、かつての時代の「コミュニティ」や「宗教」を取

---

[103] 清水幾太郎『オーギュスト・コント―社会学とは何か』前掲書、190頁. ここにはおそらく、かつて戦後を代表する「進歩的知識人」でありながら、やがて天皇制や教育勅語、治安維持法を評価するにいたった清水自身の感慨を読み取ることができるはずである。

り扱うのとは異なる"ねじれ"や"ズレ"や"屈折"のようなものに出合わざるを得ない。社会学の始まりは、そんなねじれやズレや屈折と共にある。

　このことを象徴的に示すのは、「コミュニティ／アソシエーション」、「ゲマインシャフト／ゲゼルシャフト」、「共同体／集合体」といった、〈社会〉を表す基礎概念の二元構造である。社会というものが人と人が共に連なるところに成立する秩序であるならば、社会とは共同体であると言ってもよさそうだ。だが、必ずしもそうと言い切れないところがあるから、それらを表すために別の含意をもった言葉が召喚される。呼び出される言葉やその意味は論者によって微妙に異なるけれど、〈社会〉を指す言葉のこうした二元構造は、今日にいたるまで社会学が用いる主要な道具立てのひとつであり続けている。

　だが、近代化の中で一方の社会——コミュニティ、ゲマインシャフト、共同体——から他方の社会——アソシエーション、ゲゼルシャフト、集合体——に変わっていったという形でだけ、これらの概念を理解してはならない。そうした理解は大筋としては必ずしも間違っていないけれど、そのような二元論的な推移として理解してしまうとき、実証主義の名の下に社会学を創始した後で人類教へと転回していったコントや、「進歩的文化人」から「保守反動」へと転回していったように見える清水幾太郎の"悩ましさ"を理解できなくなる。

　「社会とは何か？　それはいかに可能か？」という問いに含まれるこの"悩ましさ"について、この章では「コミュニティ」を主要な研究対象のひとつとしてきた都市社会学の「起源」にあたるいくつかの論文を私がどんな風に読んできたかということから、考えてみることにしたい。

2．シカゴ学派都市社会学の「奇妙」さ
「都市社会学」との出合い

　大学 4 年の初夏、私は「都市」を卒業論文のテーマにすることに決めた。当時「都市論」は、社会学のみならず歴史学、人類学、文学、建築、批評などを横断する形で注目を集めており、それらの多くは記号論や空間論、身体論、メディア論、消費社会論など、そのころ"現代思想"で注目されていた視点や方法を取り入れていて、私の目にも魅力的に映っていた[104]。当時の都市論でさかんに語られていた渋谷を代表とする東京の都市空間の新しい様相が、東京郊外で生まれ育った私にとって、現代社会のあり方を代表するものとしてリアルに感覚されていたこともある。少なからぬ学生がそうであるように「流行りのテーマや理論」にひかれ、「自身の身近な社会のリアリティ」について考えたいと思って、私も「都市」を自分の卒論のテーマに選んだわけだ[105]。

　そんな理由で「都市」を対象に選んでから、まずはこれまで「都市」についてどんな研究がされてきたのかを、おおよそでもつかんでおこうと考えて、都市社会学や都市史や都市計画論の主要な文献を、大学の図書館から借り出して読み始めた。そして、その時借りた本の一冊である鈴木広編『都市化の社会学〔増補〕』[106]に、都市

---

[104]　ここで"現代思想"というのは、文字通り『現代思想』という名前の雑誌を中心に紹介されていた内外（とはいえ、中心はあくまでヨーロッパ、しかもフランス中心）の思想、哲学、現代社会論、批評などのことを指している。『現代思想』では、1975 年 10 月号で「特集＝都市のグラマトロジー」、1982 年 7 月号で「特集＝空間の記号論」、1983 年 7 月号で「特集＝隠喩としての都市」と、都市論や空間論の特集も何度か組まれていた。吉見俊哉『都市のドラマトゥルギー──東京・盛り場の社会史』弘文堂、1987 年．→河出文庫、2008 年の序章「盛り場へのアプローチ」は、そうした「都市論ブーム」のピークの時期に書かれたレビューとして読むことができる。

[105]　ただし、人文社会系の学問を学ぶ大学生の間で「流行のテーマや理論」があったのは、1980 年代の「現代思想」と「ニューアカデミズム」か、あるいはその後の 90 年代の「カルチュラル・スタディーズ」までかもしれない。

[106]　鈴木広編『都市化の社会学〔増補〕』誠信書房、1978 年．

社会学の古典であるロバート・E・パークの「都市」[107] と、ルイス・ワースの「生活様式としてのアーバニズム」[108] が、やはりシカゴ学派の古典のアーネスト・ワトソン・バージェスの「都市の発展」[109] と共に収められていたのである。

パークとワース、そしてバージェスは、いずれも 1920 年代から 30 年代を中心に、シカゴをフィールドとする調査研究を精力的に指導・実施して、今日につながる都市社会学の基礎を築いた「シカゴ学派」と呼ばれる社会学者たちの中心メンバーである。だが、これら「都市社会学の起源」に位置する論文が、そのころの私にはどうにも奇妙なものに思えたのである。

「社会」なき社会学？

パークの「都市」は、次のような文章で始まる。

> この論文の観点からいえば、都市は、単に個人の集まりでも道路や建物や電燈や軌道や電話などの社会的施設の集まりでもなく、それ以上の何ものかである。また、法廷や病院や学校や各種官公庁などの制度物や行政機関の集まりだけでもなく、それ以上の何ものかである。むしろ都市とは、心の状態であり、慣習や伝統や、

---

107 Robert Ezra Park, "The City: Suggestions for the Investigation of Human Behavior in the Urban Environment", *American Journal of Sociology*, vol. 20, 1916, pp.577-612. ＝笹森秀雄訳「都市―都市環境における人間行動研究のための若干の示唆」前掲『都市化の社会学〔増補〕』57-90 頁。なお、ここで言及しているパークとワース、そしてバージェスの論文はいずれも、松本康編『都市社会学セレクション第 1 巻　近代アーバニズム』に、松本による新訳が収められており、書店ではこちらの方が容易に入手できる。
108 Louis Wirth, "Urbanism as a Way of Life", *American Journal of Sociology*, vol.44, 1938. ＝高橋勇悦訳「生活様式としてのアーバニズム」、前掲『都市化の社会学〔増補〕』127-147 頁.
109 Ernest Watson Burgess, "The Growth of the City: An Introduction to a Research Project", Robert E. Park & Ernest W. Burgess (eds.), *The City: Suggestions for Investigation of Human Behavior in the Urban Environment*, University of Chicago Press, 1925. ＝奥田道大訳「都市の発展―調査計画序論」、前掲『都市化の社会学〔増補〕』113-126 頁.

またこれらの慣習の中に本来含まれ、この伝統とともに伝達される、組織された態度や感情の集合体である。いいかえると、都市は単なる物質的な機構でもなければ人工的な構造物でもない。都市はそれを構成している人びとの活気ある生活過程に含まれており、いわば自然の産物、とくに人間性〔= human nature、つまり「人間の自然」：引用者注〕の所産なのである。[110]

他方、ワースの「生活様式としてのアーバニズム」では次のような、社会学史上もっとも有名な「都市の定義」が示される。

　社会学上の目的のためには、都市は社会的に異質な諸個人の、相対的に大きい・密度のある・永続的な集落である、と定義されよう。アーバニズムの理論はこの最少限の定義の示唆する仮説を基礎として、社会集団にかんする現存の知識にてらしながら構成されるであろう。[111]

パークは、当時のシカゴ学派の都市研究の理論的指導者であると同時に、シカゴ学派が残した数多くの都市モノグラフ[112]を生み出す調査研究の指導者でもあった。パークが語ったという「街に出て行って君のズボンの尻をリアルな調査で汚せ〔＝街に出て、いろいろな場所に腰を下ろして現実を見ろ〕」[113]という言葉に導かれるよう

110　「都市」、前掲訳書、57-59頁．なお、引用者注で示したように、引用中の「人間性」の原語は "human nature" である。"humanity" を想起させる「人間性」よりも、「人間の本性」や「人間の自然」という訳語の方がここでは適切であると、私は考える。
111　「生活様式としてのアーバニズム」、前掲訳書、133頁．
112　「モノグラフ」とは一つの特定の対象を詳細に取り扱う論文のことである。
113　ハワード・ベッカーがシカゴ大学の大学院生時代にパークから聞いたものとして、John C. McKinney, *Constructive Typology and Social Theory*, Appleton-Century-Crofts, 1966, p.71 で紹介されている言葉である。

に、シカゴ大学に集った社会学者たちは、『ホーボー』、『ホテル・ライフ』、『タクシー・ダンスホール』[114]など、都市に暮らす人びとの生活の襞を描き出すような研究を生み出していった。そんなパークが「研究のための提案」として位置づけた論文の冒頭に置いた文章は、なるほど都市というものの多面性、多層性を示してはいる。だがそれは、「都市」以外のどんな社会にも当てはまることで、とりたてて「都市」について語られねばならないことには思えなかった。実際、先のパークの文章の「都市」を「社会」に置き換えても、それはそれとして通用してしまう。パークの言葉は間違ってはいないけれど、「都市」というよりも「社会一般」に見いだされる、それこそ一般的なことをあれこれ並べただけで、「都市」の本質に迫っていないように思われた。

対してワースの「都市の社会学的定義」は、確かに「都市」と呼ばれる存在のある部分を捉えてはいるけれど、「都市」の「社会」としての側面には目を向けず、「大量・高密度・高異質性」という人間の集合体（= population）の属性へと、都市を還元してしまっているように見えた。それが「社会」であるとすれば、パークが言うように物質的な機構があり、社会的な制度があり、慣習や伝統や態度や意識がある。だが、ワースの定義する「都市」からは、そんな「社会的なもの」がごっそりと抜き取られて、言ってみれば都市の「素材」としての「人間の集団」だけが取り出されている。たとえばそんな属性をもつ人間の集合をどこか適当な土地に入植させたとしても、それは「都市」という名に値しない、たんなる入植地に

---

114 Nels Anderson, *The Hobo: The Sociology of the Homeless Man*, Univeisity of Chicago Press, 1923. ＝広田康生訳『ホーボー――ホームレスの人たちの社会学』ハーベスト社、2000年. Norman S. Hayner, *Hotel Life*, The University of North Carolina Press, 1936. ＝田嶋淳子訳『ホテル・ライフ』ハーベスト社、1997年. Paul G. Cressey, *Taxi-Dance Hall: A Sociology in Commercialized Recreation and City Life*, University of Chicago Press, 1932.

過ぎないだろう。そんな定義を「社会学的定義」と呼ぶことはできない。そのころの私は、そのように考えた。

ようするに、パークもワースも「都市」と呼ばれる特異な社会のありようを、「都市とは何か？」という問い——それこそは、「社会とは何か？」という問いの、都市という対象に即した変奏である——に即して答えているようには思えなかったのだ。

3. なぜそう語るのか？——"やむにやまれなさ"を読むこと
生物学としての社会学

実際、パークやワースに代表されるシカゴ学派の都市社会学は、「都市」を経験的な対象としても、理論的対象としても見定めることに失敗しており、現代の大衆消費社会とそこでの文化を扱っているに過ぎないという批判が、「新都市社会学」を標榜するマニュエル・カステルによってすでになされていて、その批判はそれなりに納得できるものだった[115]。その一方で、それらが「都市社会学」の原点とされていることにも、私は引っかかりを感じていた。1920-30年代のシカゴ大学は、アメリカの社会学研究の中心地で、パークもワースも当時のアメリカを代表する第一線の社会学者たちである。そんな人たちが、「社会一般」と「都市」を同一視するようなことを述べたり、「社会的なもの」を一切捨象した形で「都市の社会学的定義」をおこなったりしたのは、そのような言い方でしか語れないような「何か」がそこにはあったからではないか。そんな彼らの

---

115 Manuel Castells, "Ya-t-il une sociologie urbaine? ", *Sociologie de travail*, 1, 1968, pp.72-90.→C. G. Pickvance (ed.), *Urban Sociology : Critical Essays*, Tavistock, 1977.＝山田操・吉原直樹・鰺坂学訳「都市社会学は存在するか」『都市社会学―新しい理論的展望』恒星社厚生閣、1982年、53-96頁．"Theorie et idéologie en sociologie urbaine", Sociologie et société, 1, 1969, pp.171-190.→C. G. Pickvance (ed.), Urban Sociology : Critical Essays, Tavistock, 1977.＝山田操・吉原直樹・鰺坂学訳「都市社会学における理論とイデオロギー」『都市社会学―新しい理論的展望』恒星社厚生閣、1982年、97-135頁．

"やむにやまれなさ"から、彼らの言葉を読む必要があるのではないか。そんなふうに考えるようになったころ、「社会的実験室としての都市」と「人間生態学」というパークの二つの論文を含む論集が出版されて、手軽に読めるようになった[116]。これらの論文もまた、奇妙で矛盾に満ちた、言ってみれば「変な論文」だったのだが、その"変さ"が、パークやワースの"やむにやまれなさ"を考えるきっかけを与えてくれたのである。

「社会的実験室としての都市」でパークは、都市を「文明人の生まれつきの居住地」で、「人間が思い通りに自分の住む世界を改造しようとした試みの中でも、もっとも長続きをしまた全体としてもっとも成功した試みの成果」であるとする一方で、「歴史を長い目でみれば、都市や都市生活の出現など最近の出来事にすぎない」ので、「都市や都市生活が進化するにつれて起きた諸々の変動の混乱の中で、人間はまだ、この新しい環境に対して根本的かつ生物学的には適応できていない」と述べる[117]。また、「以前のような慣習や伝統に基づいた古い秩序」は「自然作用そのもののような性格をどこかもっていた」のに対し、「新しい社会秩序は、多かれ少なかれ人間の創造物であり、つくりもの」であるのだとも言う[118]。さらに論文の最後近くでは、「都市では、人間の本性〔ヒューマン・ネイチュア〕〔＝人間の自然：引用者注〕のあらゆる側面が目につきやすいだけでなく、非常に拡大される」ので、都市は「社会的実験室としての性格」をもつのだ、

---

116 Robert Ezra Park, "The City as Social Laboratory", T. V. Smith & L. D. White (eds.), *Chicago. An Experiment in Social Science Research*, University of Chicago Press, 1929, pp.1-19. ＝町村敬志訳「社会的実験室としての都市」、町村敬志・好井裕明編訳『実験室としての都市―パーク社会学論文選』御茶の水書房、1986年、11-35頁. R. E. Park, "Human Ecology", *American Journal of Sociology*, vol.42-1, 1936, pp.1-15. ＝町村敬志訳「人間生態学」前掲『実験室としての都市』155-180頁.
117 「実験室としての都市」、前掲書、11-13頁.
118 同、14頁.

と述べる[119]。

　都市は、古くから人間が思い通りに作り上げてきた世界でありながら、同時に新しいもので、人間はその世界にいまだ根本的かつ生物学的に適応していない。それは古くからの秩序のような自然さをもたないが、人間の自然があらわになるがゆえに、「社会的実験室」と見なしうる。これは一体どういうことなのだろうか。人工的なものと自然なもの、社会的なものと生物学的なもの、そして人間の自然はパークの頭の中でどんな関係にあり、それが現実の社会のどのようなあり方に対応しているのだろうか。

　「人間生態学」という論文は、こうした疑問に対する解答を示唆するものだった。それによれば、「人間社会は、生物レベルと文化レベルという二つのレベルで組織され」ていて、生物レベルには「競争に基礎をおく共生的社会」、文化レベルには「コミュニケーションとコンセンサスに基礎をおく文化的社会」がある[120]。そして、「われわれが社会と呼ぶような一種の秩序が実際に存在すると言えるのは、競争が停滞している時」でしかなく、生態学の観点から見ると、「社会とは、生物間競争が停滞して生存競争がより高次の純化された形式をとるようになった地域に、まさしく他ならない」のだという[121]。

　パークにとって人間生態学は、「原則的には、植物生態学や動物生態学と同一」で、「定住することにより、その居住環境内に閉じこもってしまっている個体群」のテリトリーを組織する物理的・生命的きずなを主たる対象としつつ、そうした「生物的下部構造」における競争が習慣や文化によって制限されるという事実も考慮に入れて研究するものである[122]。そしてどうやら都市は、人間生態学

119　同、34 頁.
120　「人間生態学」、前掲書、177 頁.
121　同、165-166 頁.

の視点からすると、共生的社会から新たな秩序が形成されてゆく過程が観察できるという点で、「社会的実験室」と見なしうるらしいのだ。そこでは、現在でも都市研究の中心概念のひとつである「コミュニティ」という言葉すら、「植物群集(コミュニティ)」や「動物群集(コミュニティ)」と同様の、環境の中で他の集団と競争し、特定のテリトリーを占有する「群体」という意味で使われるのである。

「社会」のない〈社会〉

　社会学が生まれた近代以降、「社会とは？」という問いは、かつてあった共同体や宗教に対するズレやねじれや屈折を孕んでしまうのだと、この章の初めに述べた。自然でなくなった人為的な社会の中に、社会以前の生物学的過程と人間の本性が見いだされるというパークの議論の「自然」や「生物学的なもの」と「人工」や「文化」や「社会」の間の奇妙な関係もまた、そんなズレやねじれや屈折の現れである。現代の都市が「つくりもの」なのは、文化的社会を「自然なもの」として安定させてきたコミュニケーションとコンセンサスがそこでは期待できず、新たな秩序をあつらえなくてはならないからだ。しかもそこでは、文化的社会の安定を可能にする人間集団間の競争と淘汰の均衡状態に達していないので、社会の下部構造である共生的社会の様相が顕在化してしまい、そのため文化に統制されない「人間の本性＝人間の自然」もまた顕在化する。

　1860年には11万人だったシカゴの人口は、1900年には170万、1920年には270万に達した[123]。急激な都市化の中で、眼前にある都市は「コミュニケーションとコンセンサス」が容易に成立しな

122　同、179頁.
123　松本康「解題」松本康編『都市社会学セレクションⅠ　近代アーバニズム』日本評論社、2011年、204頁.

い民族集団、階級・階層、文化集団が競争と淘汰の中に投げ込まれる場所に見えたのだろう。パークが「都市」と「社会一般」を区別しないかのような書き方をしたのは、彼がシカゴの中に見たのが「都市」という場所における「社会」の生成だったからだ。生物群集のような社会集団が競争と淘汰を繰り広げ、それに対処しようとする行政や教育やマスメディアの人為的な介入によって、「共生的社会」という、言ってみれば"社会以前の社会"から社会が立ち現れていくさまを、パークは急速に都市化してゆくシカゴに見いだしたのである。ワースの都市の社会学的定義が通常考える「社会的なもの」を捨象して、「大量・高密度・高異質性」という、都市という社会の素材（マテリアル）（の一部）である人口の状態に都市を還元したのも、そこが通常期待されるような「社会」の存在しない、「社会以前の社会」ように見えたからなのではないか。

　「社会的実験室としての都市」と「人間生態学」を読んで、私はそのように考えるようになった。

書き手の場所で読む

　もちろん、だからといってシカゴ学派の理論を社会学的に「正しい」と考えるようになったのではない。彼らの考えるように様々な集団間で生活の機会をめぐって競争がなされ、その結果として「淘汰」に見えるような事態があったとしても、それは様々なコミュニケーションやコンセンサスにもとづいてなされるものだろう。パークが「自然」や「生態学」といった言葉で語ることも、実際には「人為」であり「文化」なのだ。ワースの都市の「社会学的定義」を「社会学的」と認めがたいのも、相変わらずである。

　だがしかし、なぜ彼らがそんな奇妙にも思えることを書かざるをえなかったのか、そしてそのような言葉によって何を考えようとし

たのかは、それ以前よりもわかるようになったと思う。近代化がもたらした急激な都市化の中で、まるでそこには社会がない、あるいは社会以前であるように見える状態を、人間が生きている。そこに「社会」や「共同体」という言葉に対応するものがあるとすれば、それがどんなあり方をするどんな社会性や共同性なのか。彼らが「生態学」や「自然」や「群集(コミュニティ)」といった言葉によって問い、考えようとしたのは、そういうことなのだろう。

シカゴ学派が語ったことを批判することはたやすい。だが、それだけでは彼らが本当に問い、考えようとしたことを理解することはできない。出した答えが間違っているからといって、その問いが間違っていたことにはならないし、ましてやそのような問いが発せられ、そこで特定の答え方がやむにやまれずなされたことの意味までがなくなるということもない。

このことがシカゴ学派に限ったことではないのは、言うまでもない。社会科学や人文科学では、「古典」を読むことがいまでも重要な意味をもつ。それは、そうした書物が「表示する世界や知識が古びたということに応じて古びている」にもかかわらず、「その可能性の中心において読む」[124] ことを通じて、私たちがそれらの学問にとっての根底的な問いと思考の形に触れることができるからだ。この「可能性の中心」で読むための方法のひとつは、書物の書き手が社会に対峙し、それを言葉にしようとした場所で読むことだ。

社会（学）を読むとは、すでに書かれた社会学の言葉を単に受けとることではない。それは読まれつつある言葉が、どんな場所で、なぜそのように書かれたのかを考えること、それによって書き手の立っていた場所で社会を見、考えようとすることなのである。

124　柄谷行人『マルクスその可能性の中心』講談社、1978年、7頁.

第7章 『プロ倫』のふたつのコーダ

1. 『プロ倫』とは？
古典中の古典

　社会学をはじめとする社会科学や人文科学では、古典を読むことが今でも重要な意味をもつ。前章の最後近くで、そう述べた。

　自然科学の場合には、一般にそうではない。ニュートン力学やアインシュタインの相対性理論がどのようなものであるのかを学ぶことは必要だが、それを学ぶためにニュートンやアインシュタインが書いた著作や論文を、翻訳であれ、原語であれ読まなければいけない、あるいは、読むべきだ、ということは普通ない。そこで重要なのは、ニュートンやアインシュタインが明らかにした法則や、それに立脚した仮説であって、それを彼らが著書や論文でどう書いたのか、ということではないからだ。

　他方、社会科学や人文科学の分野では、過去の学者たちが明らかにしたり、仮説として提示したり、予測したことを学ぶこともちろん重要だけれど、同時にまた、過去の学者たちがどのようにしてそのような理解や仮説や予測にたどりついたのかを、過去の本や論文を読むことを通じて考える、というのが学問の基本的なスタイルのひとつになっている。

　古典とは単に「古い書物」なのではなく、古い昔に書かれたものでありながら、現在においても意味をもつ書物のことだ。そしてそれらが現代においても意味をもつのは、第一に、それらがその分野

におけるある考え方や方法を確立したことで今日でも規範的な意味をもつからであり、第二にはそれらが繰り返し読まれることを通して今なお新しい発見を可能にする書物であるからである。ようするにそれらは、これまですでになされ、今日なおなされていることの始まりであり、規範であるような書物であると同時に、現在から未来に向けての可能性をなお孕んでいると見なされるような書物なのだ。

この章ではそんな古典と見なされる書物の中でも、押しも押されもせぬ"古典中の古典"である、マックス・ヴェーバーの『プロテスタンティズムの倫理と資本主義の精神』(以下、『プロ倫』)[125] を取り上げてみよう。私たちはそこに、社会学の"模範演技"とでもいうべきものを見ることができると同時に、そんな"模範"に収まらない思考と書物あり方を見ることができるだろう。

近代の起源を求めて

『プロ倫』が最初に雑誌に発表されたのは 1904-05 年。今から 100 年以上前、日本の元号で言えば明治 37-38 年の日露戦争のころのことだ。こんな昔に書かれた本が、今でも社会学の古典として読み継がれ、社会学を学び始めた学部の学生にもしばしば勧められる必読書であり続けているのはなぜなのだろうか？

いくつかの理由が考えられるのだが、それを述べるにはまず、『プロ倫』の内容を簡単に述べておかなくてはならない。

題名が示すように、この本の主題は、宗教改革によって成立したキリスト教プロテスタントの"倫理"と、資本主義の成立・展開を支えてきた"精神"の関係である。資本主義が成立するためには、

---

125 『プロ倫』の邦訳は複数あるが、ここでは前掲の梶山力・大塚久雄訳『プロテスタンティズムの倫理と資本主義の精神』上下、岩波文庫、1955-62 年によることにする。

単に利益を追求するのではなく、勤勉に労働し、獲得した利益を将来のさらなる利益のために投資する態度を、一定以上の数の人びとが身につける必要がある。近代的な産業資本主義が成立したヨーロッパ世界では、そのような態度と精神は、プロテスタンティズムに特徴的な「世俗内禁欲」と呼ばれる宗教的倫理によって生み出されたというのが、ごく大ざっぱな『プロ倫』の要旨である。

　こう紹介したところで多くの読者には、この本のどこがすごいのかピンと来ないかもしれない。だがこの本には、その後の社会学研究の規範となりうる、いわば"社会学のツボ"がいくつかあるのだ。

　第一に、近代社会を根底的に規定しているとされる「資本主義」の起源を説明しようとしたこと。近代社会、あるいはそのより新しい形態である現代社会の「起源」や「原型」を探究したり、モデル化したりというのはコント以来の社会学の基本的な「型」のひとつである。その型は、「社会とは？」という問いに、自らの生きる社会の「起源」や「原型」をもって答える。『プロ倫』は、そうした問いと答えのお手本のような書物なのだ。

　第二に、ヴェーバーがそこで、「資本主義」という集合的・社会的なメカニズムを、個人個人が自己の行為を律する「精神」から説明しようとしたこと。これは、「個人の行為」から「集合的な社会現象」を説明するという、「方法論的個人主義」と呼ばれる社会学の方法の模範例のひとつである。社会学の方法には「個人的なものから社会的なものを説明する」というヴェーバーを典型とする「方法論的個人主義」と、「個人的に見えるものすら社会的なものに規定されている」というデュルケムを典型とする「方法論的集合主義」の、大きく分けると二つの考え方があるが、『プロ倫』は前者の立場の代表作のひとつなのだ。

　第三に、勤勉に労働し、それによって得た利益を将来のさらなる

利益のために投資するというきわめて世俗的な経済行為を支える精神が、プロテスタンティズムの倫理という宗教的なものに由来するものとして説明されていること。「富んだ者が神の国に入ることは、駱駝が針の穴を通るよりも難しい」とイエスが述べたとされることにも示されるように[126]、資本主義とキリスト教、世俗と宗教、俗と聖は一般に背反する、水と油のような関係にあると考えられている。このふたつのものの内的な連関を明らかにしたとされるこの著作は、その説明の当否は別にして、「当たり前に見える社会を生み出した当たり前ではないロジックを明らかにする」という、社会学にしばしば見られる"面白さ"の型のお手本である。

2. 二つのコーダ——心情なき享楽人と学問的禁欲
最初のコーダ

だがここでは、この社会学の"古典的模範演技"の全体を取り上げて、その詳細を吟味ないし玩味しようというのではない。全体的把握や構造的読解の理想には反するかもしれないが、ここでとりあげるのはこの著作の最後、この本全体を閉じる、音楽で言えばコーダ（＝終結部、結尾を意味するイタリア語）のさらに最結尾にあたる、訳書の本文にして約4ページ弱の部分である[127]。この、全体の長さから見ればごく短い結尾に、私たちはきわめて興味深い論点と構造、そして「書物とは何か」ということについての示唆を見ることができるのである。

　　近代資本主義の精神の、いや、それのみでなく近代文化の本質

126　『新約聖書』、「マタイによる福音書」第19章、「マルコによる福音書」第10章、「ルカによる福音書」第18章。
127　前掲訳書の244-249頁.

的構成要素の一つたる職業観念の上にたった合理的生活態度は――この論文ではこのことの証明を意図したのだが――キリスト教的禁欲の精神から生まれたものである。[128]

『プロ倫』の最結尾にあたる部分は、このように始まる。先の内容の紹介からもわかるように、この文章はこの書物の「結論」を簡潔に示していて、これをもってこの本が終わってもいっこうに構わないように思える文章だ。実際、これに先立つ数十頁にわたり、ヴェーバーはこの結論について具体的な事例も交えて説明した上で、このように述べているのだから。

ところが、ここではこの本は終わらない。これに続けてヴェーバーは、プロテスタンティズムの倫理が資本主義の精神を生み出した過去についてではなく、彼が生きている現在について語り始める。だから音楽用語を転用すれば、上の文章は、主題の再現が済んだ後の小結尾といったところだろう。『プロ倫』の本当のコーダは、ここから始まる。

　ピュウリタンは職業人たらんと欲した――われわれは職業人たらざるをえない。何故というに、禁欲は僧坊から職業生活のただ中へ移され、世俗内道徳を支配しはじめるとともに、こんどは、機械的生産の技術的・経済的条件に縛りつけられている近代的経済組織の、あの強力な世界秩序（コスモス）を作り上げるのに力を添えることになった。が、この世界秩序たるや、圧倒的な力をもって、現在その歯車装置の中に入りこんでくる一切の諸個人――直接に経済的営利にたずさわる人々のみでなく――の生活を決定しており、

128　同、244頁.

将来もおそらく、化石化した燃料の最後の一片が燃えつきるまで、それを決定するであろう。[129]

資本主義の精神という個人的なものが、資本主義という社会的メカニズムを生み出したとする「方法論的個人主義」のお手本のようなものとして、この著作はあるのだと先に述べた。だが、ひとたび資本主義のメカニズムが成立してしまうと、それが人びとを外側から縛り付け、個々人の生活を決定するものになるのだと、ヴェーバーはここで言う。「社会的なもの」が「個人的なもの」に対して自律性をもち、個々人を拘束する。かつて人がそうあろうとする意志の下に自ら選んだ生き方が、選ぶ余地のないものに転化して、自動機械のように人びとの生を規定してしまう。そこから先に開けてゆくかもしれない未来について、ヴェーバーは次のように述べる。

　……、将来この外枠〔＝人びとを拘束するにいたった資本主義のメカニズム：引用者注〕の中に住むものが誰であるのか、そして、この巨大な発展がおわるときには、まったく新しい預言者たちが現われるのか、或いはかつての思想や理想の力強い復活がおこるのか、そ・れ・と・も・——その何れでもないなら——一種異常な尊大さでもって粉飾された機械的化石化がおこるのか、それはまだ誰にもわからない。それはそれとして、こうした文化発展の「最後の人々」にとっては、次の言葉が真理となるであろう。「精神のない専門人、心情のない享楽人。この無のものは、かつて達せられたことのない人間性の段階にまですでに登りつめた、と自惚れるのだ」と。——[130]

129　同、245 頁．強調は原著者。

これを読むと私は、ハイテク化した未来社会に生きる「最後の人間」たちが、「精神なき専門人」、「心情なき享楽人」としての自分たちを人間の進歩の終局として誇る、SF小説が描くような白々とした未来社会のイメージが頭に浮かぶ。だが、精神なき専門人、心情なき享楽人という"最後の人間"をめぐるこの言葉は予言ではない。資本主義の将来がどうなるのか、そこでの人間の運命がどのようなものかは、それは誰にもわからない。だが、人間がその外側に出ることも、新たな精神によってそれを賦活することもできなければ、そこに、自らの頽廃を人間性の高みと取り違えた「最後の人びと」が現れるであろうという、それはさしあたっての予測にすぎない。

　だがそれはヴェーバーが、彼の生きた同時代にその兆しを見たこと、それゆえヴェーバーにとっての現代社会に、すでに見いだされた人間と社会の在り方でもあったはずだ。『プロ倫』は、当時の職業統計において、近代的企業の経営者や熟練労働者が著しく「プロテスタント的色彩」をもつという同時代的現象から書き起こしながら、その本体部分はすでに歴史的過去となった時代の分析、つまり歴史社会学的な記述と分析からなっている。だが、この最後の部分にいたってヴェーバーは再び現代に立ち返り、ここまで考察してきた歴史社会学的事実の、(当時の)現代から未来にいたる帰結の可能性を語る。そこでは、歴史社会学が現代社会論へと転轍される。「すべての歴史は現代史である」というのは歴史家ベネデット・クローチェの有名な言葉だが[131]、ヴェーバーがここで示すのは、「歴史社

130　同、246-247頁. なお、文中の「最後の人々」とはニーチェが『ツァラトゥストラはこう言った』で畜群のような大衆を指して呼んだ「末人」のことである。
131　Benedetto Croce, *Filosofia come scienza dello spirito, IV, Teoria e storia della storiografia*, Bari, Laterza, 1920. ＝羽仁五郎訳『歴史叙述の理論及歴史』岩波書店、1926年、5頁. そこでは「凡ての真の歴史は現代の歴史である」と訳されている。

会学は現代社会学である」ということだ。その重く、暗く、悲劇的な調子を帯びた文章は、まさに「コーダ」と呼ぶにふさわしい。

　だがしかし、にもかかわらずこの本は、ここでもまだ終わらないのだ。

予言と戒め

　「しかし、ここにいたれば、われわれはもはや価値判断や信仰批判の領域に入りこむことになるが、それはこの純粋に歴史的な叙述の対象たるべきものではない」[132] と、自らが課す「価値自由」の原則からはずれかねない、予言めいた自らの言葉を戒めるかのようにヴェーバーは続ける。そして、「われわれの課題」はそのような価値判断や宗教批判ではなく、①禁欲的合理主義の意義と、それがもたらす社会政策倫理の内容について、私的な集まりから国家にいたるまでの組織とその機能に関して明らかにし、②プロテスタンティズムの倫理にもとづく禁欲的合理主義と、やはり近代を支える精神である人間性を規準とする人文主義的合理主義や、哲学や科学における経験論との関係を分析し、③プロテスタンティズムの禁欲的信仰をもつ個別の地域において、中世に萌芽した世俗内禁欲から禁欲的合理性が成立し、さらにそれが純粋な功利主義へと解体されていった過程を歴史的に究明することなのだ、と述べる[133]。なぜなら、それによって「はじめて、近代文化の創出にあずかったその他の諸要素との関連において、禁欲的プロテスタンティズムの文化的意義の限度を明らかにすることができると思う」[134] から。こうした作業との関係で『プロ倫』は、「重要ではあるが、ただ一つの点だけ

132　Weber, 前掲訳書、248 頁.
133　同、248-249 頁.
134　同、249 頁.

について、さしずめ、その影響の事実とあり方をその心理的動機に
溯源させてみようとした」[135] に過ぎない。

　ここで示されるのは実証的な経験科学としての社会学がもつべき
禁欲的態度である。このいかにも手堅い印象を与える部分が、『プ
ロ倫』自体の主題である禁欲的合理性と、上に述べた人文主義的合
理性、哲学と科学における経験論を体現するものであることを、見
落とさないようにしよう。

　そしてこの後、この本の本当の終わりがやってくる。

3．終わりと始まり
本当の終わり？

　　が、またこんどは、プロテスタンティズムの禁欲それ自体が、
　その生成過程においても、その特質についても、社会的文化諸条
　件の総体、とりわけ経済的条件によって深く影響されていること
　をも明らかにしなければなるまい。何故というに、近代人は一般
　に最大の善意をもってしても、かつて宗教的意識内容が人間の生
　活態度、文化、国民性に対してもった巨大な意義を、そのあるが
　ままの巨きさで意識することは殆どできなくなっているのが普通
　であるけれども、しかし——だからといって、一面的な「唯物的」
　歴史観にかえて、これまた同じく一面的な、文化と歴史の唯心的
　な因果的説明を定立するつもりなどは、もちろん、ない。両者とも
　ひとしく可能なのであるが、両者とも、もし研究の準備作業とし
　てでなく、結論として主張されるならば、歴史的真理のためには
　ひとしく役立たないのである。[136]

135　同．強調は原著。
136　同．

これが、『プロ倫』の本当に最後の最後の文章である。こうした文章に慣れていない人には読み解きにくい晦渋な書き方をしているが、解きほぐして言うと：
①プロテスタンティズムの禁欲は社会のあり方に影響を及ぼしただけでなく、それ自体もまた社会的・文化的な諸条件、とりわけ経済的条件に影響を受けているので、それを究明する必要がある。
②すべての社会的・文化的なものを経済的なものによって説明する一面的な「唯物的」歴史観の背景には、かつて宗教が社会のあらゆる領域にもっていた巨大な力を、現代人がもはやわがこととして理解できなくなったことがある。
③だからといって自分は、一面的な「唯物的」歴史観に対して、やはり一面的な文化と歴史の唯心的説明——心のあり方のみから文化や歴史を説明すること——を打ち立てるつもりはない。
④唯物的説明も唯心的説明も、社会の総体——そこでは宗教的なものと経済的なもの、心的なものと物質的なもの、それらのいずれもが相互に影響しあう——のあり方を究明するための準備的な作業としては、どちらも同じように可能だが、それらのいずれか一方のみを一面的に掲げて結論として主張することは、歴史的真理を認識するための役に立たない。
ということになる。
　ヴェーバーはここで『プロ倫』や、それ以外の自らの比較宗教社会学や政治社会学、比較経済史、音楽社会学などの仕事全体を貫く基調と主題を述べている。一方にはマルクス主義に代表される一面的な唯物論があり、他方にはそれに対抗しようとする、やはり一面的な文化主義や心理主義がある。だが、重要なことはそのいずれもが可能であると同時に、その何れもが他方によって補完されるべきものであること、そして『プロ倫』もそれ以外の自身の仕事も、そ

のための「準備作業」なのであって、決してそれ自体で何からの「結論」を主張するものではないこと。ここでは最終的な「結論」が放棄されている。その意味でこの書物は「終わらないこと」、「終わるべきではないこと」によって終わるのだ。

本の終わり、学問の始まり

　何かはぐらかされたような感じがするだろうか？

　古典とはその学問における考え方や方法を確立したと同時に、現在でもなおそこから新しい発見がありえる書物なのだった。だとすれば、古典とは、そこから新しい学問の可能性が始まった本、その意味で「終わり」ではなく「始まり」を告げる本であるはずだ。『プロ倫』のコーダの重層的な構造と、そこで何度も終わりそうになっては終わらず、しかもその都度、新しい地平や問題や課題を投げかけ、書物と思考をそれらへと開いてゆく行き方は、そうした「古典」の、文字通り「古典的見本」と呼んでもよいかもしれない。

　別の言い方をすれば、『プロ倫』は、その気むずかしげな見せかけとは裏腹に、読み手を様々な形で誘惑し、挑発している。

　本には、終わりがある。だが、本という形をとって展開する学問には終わりがない。もちろん、もはやだれも学問などせず、社会学の本など一冊も手にとられず、また書かれもしなくなれば、ある意味で「終わった」と言うこともできるだろう。だが、コントの時代から始まり、ヴェーバーの時代を経て今日まで、どうやら社会学は終わらず続いているし、〈社会学〉、つまり私たちが社会学として読むことのできる書物として形を残してきた〈社会学的思考〉、〈社会学的な知〉の歴史はさらに古く、古代ギリシアにまで遡ることができるだろう[137]。

　社会学を読み、社会を読むとき、私たちはそんな終わらない営み

に加わっているのだ。そしてそれは、あなた／わたしが一冊の本を読み終えて閉じた後にも、まだ続くのだ。

137　ギリシア生まれの社会学者、コルネリウス・カストリアディスはしばしば「ここ25世紀来」という表現をする。それは「古代ギリシアの哲学の起源以来」ということだ。

第8章 照らし合う言葉、映し合う社会

1. チューリンガ
「レヴィ゠ストロースはチューリンガを……」

「チューリンガ」という言葉を初めて聞いたのは、大学1年の社会学の授業でのことである。担当していた見田宗介先生が、ごく普通の言葉のように「レヴィ゠ストロースはチューリンガを……」といった感じで話し始めたのだ。配布された資料には次に示した、細長い楕円形というか、カヌーのような形というか、そんな形の中に、同心円やら、道とその交差点のようなものやらが描かれた「チューリンガ」なるものの図が印刷されていた。

図2 チューリンガ

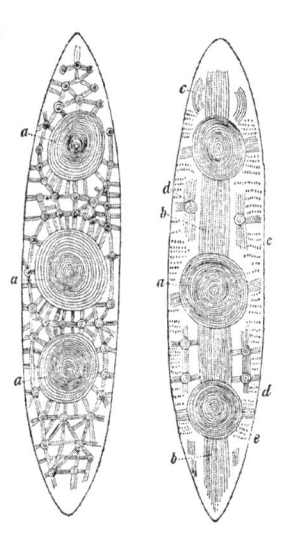

（クロード・レヴィ゠ストロース、『野生の思考』みすず書房、1976年、287頁から。ただし原典はSpencer & Gillen, *The Native Tribes of Central Australia*, new edition, London, 1938, pp. 145-147.）

郵便はがき

101-0062

東京都千代田区
神田駿河台一の七

㈱ 弘 文 堂

愛読者カード係

恐れ入ります
が切手をお貼
り下さい

ご住所 〒	
ご芳名	（　　才）
ご職業	本書をお求めになった動機
ご購読の新聞・雑誌	ご購入書店名

6 現代社会ライブラリー
社会（学）を読む

――愛読者カード――

① 購読ありがとうございます。本書に関するご感想・ご意見をお聞かせ下さい。

② その他小社発行の書籍に関するご要望をお聞かせ下さい。

③ 今後に希望する出版活動の出版物、資料、教科としてあります。小社文科としてあります。ご意見をお聞かせ下さい。

チューリンガがオーストラリアの原住民の社会に伝わる木や石で作った一種の呪具だということは、講義を聴いてわかった。だが、線描のそのスケッチから、実際それがどんなものかをイメージすることはできなかった。にもかかわらずその時教室で聴いた「チューリンガ」という音は、その線描画と、東大駒場キャンパスの今はもうなくなった古い階段教室の風景と共に記憶に刻み込まれて、今でも講義やゼミでチューリンガの話をすると頭に浮かぶ。「レヴィ＝ストロース」という名前もそれまで文字では目にしていたかも知れないが、音として聞いたのはその時初めてだったかも知れない。

御存じの通り……
　さて、その見田宗介＝真木悠介は『時間の比較社会学』で、レヴィ＝ストロースの『野生の思考』の次の文章を引用して、チューリンガの説明をしている。

> 　チューリンガとは御存じの通り石か木で作られた物体で、形はほぼ楕円形をしており、両端は尖っていることも丸みを帯びていることもある。そして多くはその上に象徴記号がほりこまれている。しかし時には、単なる木片か石ころで、なにも加工されていない場合もある。外観はどうであれ、チューリンガはそれぞれきまったある一人の先祖の肉体を表わす。そして代々、その先祖の生まれ変わりと考えられる生者に厳かに授けられるのである。チューリンガは、人のよく通る道から遠い自然の岩陰に積んで隠しておく。定期的にそれを取り出して調べ、手で触ってみる。またそのたびごとに磨き、油をひき、色を塗る。それとともにチューリンガに祈り、呪文を唱えることを忘れない。[138]

当時の私は全然"御存じ"ではなかったが、教室の見田先生も、『時間の比較社会学』の真木悠介も、そして『野生の思考』のレヴィ゠ストロースも、それを"御存じ"であることが当然のように語る。なぜなら、「チューリンガについては昔から現在まで数多くの理論が提出されて」[139] きていて、社会学でもエミール・デュルケムが『宗教生活の原初形態』で、それについて論じているからだ[140]。だから文化人類学（者）や社会学（者）の世界では、「御存じの通り」と言っても差し支えないわけだ。

2. 知、参照、引用
典拠を遡る

　チューリンガについて真木悠介は、先に述べたように、レヴィ゠ストロースの『野生の思考』を参照する。そのレヴィ゠ストロースは、『宗教生活の原初形態』でのデュルケムの考察を踏まえながら、それに批判的検討と修正を加えている[141]。その際、レヴィ゠ストロースは、原住民の中で育った民俗学者である T. G. H. ストレーローの『アランダの伝統』（1947）[142]、このストレーローの父親で宣教師だったカール・ストレーローの『中部オーストラリアのアランダ族とロリチャ族』（1907-13）[143]、そしてボールドウィン・スペ

138　真木悠介『時間の比較社会学』岩波書店、1981 年、22 頁（現代文庫版、23-24 頁）の、Claude Lévi-Strauss, *La pensée sauvage*, Plon, 1962. = 大橋保夫訳『野生の思考』みすず書房、1976 年、286 頁からの引用。なお、私が見田の講義で「チューリンガ」と「レヴィ゠ストロース」を聞いたのは、『時間の比較社会学』が刊行された 1981 年だった。
139　『野生の思考』、前掲訳書、284-285 頁．
140　Émile Durkheim, *Les formes élémentaires de la vie religieuse: Le système totémique en Australie*, F. Alcan, 1912. = 古野清人訳『宗教生活の原初形態』上下、岩波文庫、改訳版、1975 年．
141　『野生の思考』、前掲訳書、288-291 頁．
142　T. G. H. Strehlow, *Aranda Traditions*, Melbourne University Press, 1947.
143　Carl Strehlow, *Die Aranda und Loritja-Stämme in Zentral Australien*, vol.1-4, Frankfurt am Main, 1907-13. ただし、この本は第 5 巻も 1920 年に刊行されている。

ンサーとフランシス・ジェイムズ・ギレンの『中部オーストラリアの北部諸部族』(1904)[144] といった、20世紀前半に書かれた書物に依拠しており、真木も『野生の思考』から重引する形で、T. G. H. ストレーローの文章を引用している。ここでデュルケムの『宗教生活の原初形態』を見てみると、デュルケムもまた C. ストレーローとスペンサー＆ギレンの著作を多く参照していたことがわかる[145]。真木もレヴィ＝ストロースも、そしてデュルケムも、チューリンガについて自分で直接調べたわけではなく、ほぼ同じ著者たちの報告をよりどころにして、各々のチューリンガ論を展開しているわけだ。

　真木、レヴィ＝ストロース、デュルケムのいずれもが「第一次資料」つまり加工や解釈される以前の"生のデータ"によるのではなく、他者が調査や研究によってまとめたいわゆる「第二次資料」[146]によって考察していることを、私は非難しようというのではない。また、孫引きを批判しようというのでもない。ここで考えたいのは、そうした参照や引用が示す社会学と社会のあり方についてである。

注、引用、参照

　社会学に限らず学術書や学術論文には、時に煩雑に思えるほどの注や文献指示がつけられていることが多い[147]。それらは、引用・参照されている文章や事例や議論の出所を示すだけの場合もあれば、引用・参照された著作の紹介や論評がなされる場合もあり、考察を深めるためにさらに参照されるべき著作を示す場合もある。また、

144　Baldwin Spencer & Francis James Gillen, *The Northern Tribes of Central Australia*, London, 1904.
145　『宗教生活の原初形態』前掲訳書。デュルケムの参照は著作の全体にわたっているので、特に該当頁を記さない。
146　本文中でも述べたように、研究者による分析や解釈を経る以前のいわゆる原資料を「第一次資料」と呼び、それらを引用してまとめられた文献資料や研究報告を「第二次資料」と呼ぶ。

本文についての補足的な説明や、本文に組み込むと文章の流れを妨げるかもしれないが、関連して述べたり考察したりしておくべきだと書き手が考えたことが、注として記される場合もある。(マックス・ヴェーバーの著作には、こうした注が膨大に付けられている。)

　これらの注や文献指示をもつことで、学問的な著作は文章の始まりから終わりにいたる一筋の流れではなく、書き手が注の形で書き込んだ補足や関連する議論をいわば「脇筋」としてもち、さらに引用・参照された他の著作を水源や本流や支流としてもつ、複線的な流れをもつものとして成立している。第4章でも述べたように、一冊の本、一篇の論文はそれ自体で自立して存在しているのではなく、すでに存在する関連する著作や論文を前提にし、同時代の他の著作や論文、あるいは論者たちの議論との関係の中にあり、幸いな場合にはそこから自己や他者の新たな思考や研究が開けてゆくものとしてある。

　こうしたあり方は、学術的な本や論文だけに当てはまるのではない。小説も、エッセイも、新聞や雑誌の記事も、「書かれたもの」は──そして「語られたこと」も──他の「書かれたもの」や「語られたこと」との関係の中にある。学術的な本が他の「書かれたもの」や「語られたこと」と異なるのは、そうした関係を誰にでもわかるように明示して、その気になれば読み手がそれをたどって確認できるように書かれている、ということだ。それは、第三者が検証したり検討したりできるようなデータや典拠にもとづいて分析や考

147　「参照」とは文中で他の文献やその内容に言及したり、それらに基づいて議論をすすめたりすることで、「引用」とは他者の著作から文章の一部をそのまま引いてくることである。(ただし自然科学では、ここで言う「参照」を「引用」という。) また「文献指示」と呼んでいるのは、注の形をとらず、たとえば「見田 (1981,p. 22)」のように著者名と発行年、該当頁を示し、巻末の文献リストで書誌情報 (著者名、発行年、書名ないし論文名、発行所等の情報) を示すことで出所を示す方法である。

察を行うという、社会学を初めとする学問や科学の営みのあり方の「写像」である。だから社会学の本を読むということは、複数の流れが合流して大きな流れを作ったり、そこから離れた流れを形成したりという、言葉と思考の複数的な営みに「読むこと」を通じて参加することなのだ。

たとえば『時間の比較社会学』を読む時、私たちは30年以上前に真木悠介が記した言葉に寄り添っていると同時に、1960年代初めのレヴィ゠ストロースの言葉、1940年代のT. G. H. ストレーローの言葉、1910年代のデュルケムやC. ストレーローの言葉、そして20世紀初めのスペンサーとギレンの言葉とが織りなす記録と記述と解釈と考察の場に参加している。本を読む時、私たちは、本を読み、考えている「今」と、その本が書かれた過去、その本が参照したり引用したりする本や論文が書かれた過去、さらにそれらが言及している社会や出来事が存在した過去とが出合う場所にいる。それはまた、図書館の書架の間にいるように、現在において私たちが手にとり、目を通しうる書物や論文の間の場所にいる、ということでもある。論文や本を通じて私たちは、「いま・ここ」を超えた言葉と思考の通時的かつ共時的な関係の広がりの中に身を置くのである。

3. 複線と重層

歴史的過去と神話的過去

書物が「いま・ここ」を超えた言葉と思考の通時的かつ共時的な広がりの中にあるように、私たちが生きる社会も「いま・ここ」を超えた広がりの中にある。書物が示すひろがりは、社会のそうした広がりの一例である。

この章を私は、チューリンガについての学生時代の思い出から始

めた。オーストラリアの原住民の人びとにとってチューリンガは、先祖たちが世界を作った神話的過去と、自分たちの生きる現在をつなぐものだ。私にとって「チューリンガ」という言葉は、私が社会学と出合った時と場所の記憶を呼び覚ますものであり、チューリンガをめぐる議論や書物は、私と私以外の社会学者や人類学者の思考を通時的・共時的につなぐもの（のひとつ）である。

　もっとも、『野生の思考』のレヴィ＝ストロースの理論と分析にそくして考えるなら、「冷たい社会」に生きていたオーストラリアの原住民の人びとにとっての過去と現在の関係と、現代の「熱い社会」に生きる私の過去と現在の関係は同じではない。私たちが生きる社会は「歴史の温度」が高く――それゆえそうした社会を、レヴィ＝ストロースは"熱い社会"と呼ぶ――、人口の変動、技術革新などの様々な出来事によって変化し続ける社会であり、私の現在も社会の現在も、そこでは過去の変化の累積（＝歴史）の結果として説明され、理解される。それに対して、社会の安定と連続性を脅かしかねない変動の要因を消去する制度的な仕組みがあって、「歴史の温度」が低い（＝"冷たい"）多くのいわゆる「未開社会」では、過去も現在も、そして未来も、次のT. G. H. ストレーローの言葉のように、神話的過去によって説明される[148]。

　　……北アランダ族の神話のすべてを一つの総体としてとりあげると、オーストラリア中部の原住民たちがいまもやっているあらゆる活動形態の目録ができ上がるだろう。神話を通して、狩、漁、

148　「冷たい社会／熱い社会」については、Claude Lévi-Strauss, "Leçon inaugurale faitele Mardi 5 Janvier 1950 par Claude Lévi-Strauss, professeur" 1960. ＝仲沢紀雄訳「人類学の課題」『今日のトーテミスム』みすず書房、1970年、218-222頁、及び『野生の思考』、前掲訳書、280-282頁を参照。なお、「いわゆる『未開社会』」と書いたのは、「未開社会」という名称が、発展や開発などの「歴史の温度の上昇」を受け入れた側からの呼び名に過ぎないからである。

野生植物の収穫、料理、道具の製作といった日常の仕事に励んでいる原住民の姿が浮かび上がる。これらの仕事はすべてトーテム祖先とともに始まったのである。そして、この分野においても、原住民は盲目的に伝統を尊重する。遠い先祖が使っていた原始的な武器を忠実に守っており、それを改良しようなどという考えは、頭に浮かぶことさえ決してない。[149]

熱い社会と冷たい社会のこうした違いは比較社会学的に重要だが、ここでは、「われわれの中の野生の思考」について語るレヴィ=ストロースの次の言葉が示すように、「いま・ここ」が何らかの形でその通時的及び共時的な外部を引用したり参照したりすること、それゆえ「いま・ここ」がそうした通時的及び共時的外部と並存していて、それらとの関係の中にあるという共通点に注目したい。

> それ〔＝チューリンガ：引用者注〕は、役割においても取扱いにおいても、われわれの古文書と著しい類似性をもっている。われわれは古文書を箱の奥深くしまい込んだり、公証人に托して誰にも見られないように保管してもらったりする。またときどき、神聖なものに対して必要な細心の配慮をしつつそれを調べ、必要があれば補修するし、上等な書類綴に移しかえたりもする。このようなとき、われわれも、破れたり黄ばんだページを見ると追憶が鮮やかに蘇り、好んで偉大な神話を朗誦することになる。それは先祖の事蹟であったり、建築もしくは最初の譲渡以来の家屋敷の歴史であったりする。[150]

---

149 『野生の思考』、前掲訳書、282頁のT. G. H. Strehlow、前掲書、pp.34-35 からの引用を重引。ただし、用字を一部改めた。文中の「トーテム先祖」とは、氏族の神話的祖先と考えられる動物のことである。
150 『野生の思考』、同訳書、286頁.

神話的過去であれ歴史的過去であれ、私たちは現在と過去を関係づけ、それによって社会や自己を位置づけ、理解しようとする。チューリンガや古文書は、そんな参照のための注であり、指示である。仏壇や遺品、思い出のアルバムや記念品、記念碑や銅像、史跡や歴史的建造物、そして地名等々は、歴史的過去や神話の過去と現在を結ぶ標識である。雑誌のグラビア、広告やコマーシャル、街頭のポスター、マンガや小説やドラマや映画、ゲームやテーマパークのアトラクション等々は、通時的及び共時的に並存する現実や虚構やイメージの領域と「いま・ここ」をつなぐ。書物が現在時における単一の流れではないように、社会も「いま・ここ」の中に通時的及び共時的な外部を参照する標識のある、複線的で重層的な場として存在している。
　私たちの社会は書物のように存在している。私たちは社会を、言語その他の記号によって織りなされ、参照し合う意味の世界として産出し、生きているのである

鏡のある部屋の世界図
　すべての社会学研究がそうなのだというのではないが、社会学はしばしば社会のこの複線的で重層的な成り立ちそれ自体を問題にし、共時的・通時的に異なる位置や層の間の関係から社会的な事態を説明しようとしてきた。
　デュルケムが『宗教生活の原初形態』で取り上げ、レヴィ゠ストロースが『野生の思考』で批判的に再検討したトーテミスムはこの世界を、「人間の世界」と「動物の世界」の重なりと考え、様々な出来事をこの二つの世界の関係を語る神話的過去によって説明する。職業を神からの召命と考える禁欲的プロテスタントの倫理は、人が

暮らす地上の世俗の世界と、神というそれを超越した存在との関係を共時的な軸とし、勤労する現在と、未来に訪れるとされる最後の審判の時を通時的な軸とする、緊張した時空の中に成立する。

　ベンヤミンが『パサージュ論』で試みたのは、19世紀という過ぎ去った時代に建設され、そこに人びとが集ったパサージュと、それをめぐって書かれた言葉の切れ切れの断片の集積から、その時代に人びとが集団として夢見、幻想したことを拾い集めて、資本主義の根源について考えることだった。この時、資本主義とは19世紀にパリージュとそれをめぐる集合的な夢を生み出した歴史的なものであると同時に、今日まで私たちの社会と生を規定するメカニズムでもある。だから、19世紀のパリのパサージュは私たちにとって異郷の過去に属する事柄であると同時に、私たちの現在を読み解くための範型となるものでもある。

　『野生の思考』の最後の章は、歴史によって世界を理解する「弁証法的理性」の方が、野生の思考のように分類によって世界を理解する「分析理性」よりも優れていると考える、ジャン゠ポール・サルトルの『弁証法的理性批判』に対する批判として書かれている。レヴィ゠ストロースに言わせれば、「歴史に対するサルトルの体系の関係は、永遠の過去に対する未開人の関係に等し」く、「サルトルの体系では、歴史がまさに神話の役割を果たしている」[151]。ここで「神話の役割」を果たすと言われている歴史とは、個々の歴史的出来事のことではなく、過去の出来事の連鎖とそこでの因果関係が現在の起源や前史として語られるという、記述や説明の形式としての歴史である。レヴィ゠ストロースがそこで記した次のような説明は、この章で私が述べてきたことを説明するための、恰好のモデ

151　『野生の思考』、前掲訳書、306頁.

ルとなる。

　野生の思考の特性はその非時間性にある。それは世界を同時に共時的通時的全体として把握しようとする。野生の思考の世界認識は、向き合った壁面に取りつけられ、厳密に並行ではないが互いに他を映す（そして間にある空間に置かれた物体を映す）幾枚かの鏡に映った部屋の認識に似ている。多数の像が同時に形成されるが、その像はどれ一つとして厳密に同じものはない。したがって像の一つ一つがもたらすのは装飾や家具の部分的認識にすぎないのだが、それらを集めると、全体はいくつかの不変の属性で特色づけられ、真実を表現するものとなる。野生の思考はimagines mundi（世界図――複数）を用いて自分の知識を深めるのである。この思考がいくつかの心的建造物を作り上げると、それらが世界に似ておれば似ているほど、世界の理解が容易になる。[152]

一冊の本を読み、注や文献指示で示された他の本や論文を知り、場合によってはそれらを参照し、そしてさらに新たな本や論文を読んでゆくとき、私たちはこんな部屋の中にいるようにして、社会の像を自分の中に作り上げているのだ。ただし、そこには歴史という遠近法もあるのだから、壁にあるのは鏡ばかりでなく、時間的な外部を見るための窓や覗き穴もあって、そこにはいろいろな倍率や精度のレンズがついている。

　そればかりではない。社会学を知ろうが知るまいが、結局のところ私たちは、「自分」という限られた場所を、生まれてから死ぬまで生きていく。この「自分」の外側に時間的にも空間的にも拡がる

152　同、317頁. ただし、用字を一部改めた。

世界について、私たちは、この部屋の比喩のようにしてしか知ることができない。社会（学）を読むとは、そんな部屋の窓を多くし、鏡の精度を高めて、より世界によく似た「心的建造物」をわがものにしようとする営みのひとつなのだ[153]。

153　こうした議論に情報社会論やメディア論との関係を読み取った読者もいるかもしれない。『野生の思考』の最後の部分でレヴィ゠ストロースは、野生の思考と現代の情報理論を結んだ考察を展開している。

第9章 書物の時間性と社会の時間性

1. 古い本、新しい本
「もう古い本なんですが……」

 ここまで私が取り上げてきた本や題材に、「古さ」を感じている人もいるかもしれない。

 コントはもちろん、コントについての清水の本も、ヴェーバーもデュルケムも、シカゴ学派もベンヤミンも、そしてレヴィ=ストロースも、すでにもう物故した人びとが、数十年から100年以上も前に書いた書物や論文で、言及されていることもそれに応じて古びている。

 大学のゼミで学生が、参照した文献について「もう古い本なんですが……」と言うことが時々ある。たとえばそれが、私自身は刊行時に新刊として購入し、「新しい社会学の成果」として読んだ1980年代の本だったりすると、「そうか、80年代ももう昔なんだな」と改めて思ったりもするのだが、自分たちの生まれる前に出された本が、彼らにとって「古い」のは当然のことだ。

 学問の世界では、古い学説は新しい学説に取って代わられる。「最新の学説によれば」とか、「最新の調査によれば」といった言い方が新聞や雑誌でしばしば用いられるのも、学問はつねに進歩していることが、なかば常識のように期待されているからだろう。第7章で述べたように、人文・社会科学の分野では古典が今でも重要な意義をもっているのだが、古典が示した学問の規範的な形が現代の

研究において活かされているならば、今より情報も豊富ではなかった昔に書かれた本や論文を、わざわざ読む必要はないと考える人がいても、おかしくはない。

また、卒業論文で都市論をテーマに選んだ時の私もそうだったのだが、「社会について考える」というとき、多くの人は自分にとっての「現代の社会」について考えようとする。過去の社会に興味をもつこともあるのだが、その場合には「社会について考える」ではなく、「歴史を学ぶ」といった言い方をするのが普通だろう。社会学をはじめとする社会科学は、歴史や思想史とちがって「現在」を対象とすることが暗黙のうちに想定され、期待されている。そうした想定や期待のもとでは、社会学の本にも当然のように、「現代の社会」についての事実や知見を与えるものであることが期待される。

「今、なぜ」という語り方

こうした期待の風土のなかでは古典ですら、それが今読まれることの意味や必要性の証明を求められることがある。やはり新聞や雑誌でしばしば見られる表現に、「今、なぜ○○か？」とか、「今こそ○○を読み直す！」といったものがある。（○○には「マルクス」とか「ヴェーバー」、あるいは『資本論』とか『プロ倫』とかの名前や書名が入る。）たとえば、格差や貧困が話題になっていた2000年代後半には、小林多喜二の『蟹工船』やマルクスの社会理論がこうした形で話題になったことがあった。

「今、なぜ」という表現には、古い時代に書かれた古い書物が、今現在において読まれるにはそれ相応の現代的な理由がある／あるべきだ、という想定がある。「古典とは、いつも新しい問いと発見をもたらすものだから」という答えに、この問いは満足しない。「古典とは、誰もがその名を知っているけれど、ほとんどの人は読んで

いない本のこと」という世の実情にそくした定義（？）があるけれど、そうした「敬して遠ざける」あり方から古典が引っ張り出されるのは、それに新たな現代的文脈が与えられる時なのだというのも、必ずしも間違いではない。

　「今、なぜ」という表現はまた、古典のような書物ですら「現代性」において評価するというジャーナリズムと、そのようなジャーナリズムを支えつつ、それよって社会を了解する現代の社会感覚を示してもいる。ジャーナル journal という言葉が「日々の」を表すラテン語の 'diurnalis' に由来するように、ジャーナリズムとは日々新たになる時事的な出来事や問題を対象にする。「善とは何か」とか「人はいかに生きるべきか」といった"人類永遠の問題"をジャーナリズムは扱わない。そうした問題が扱われるためには、「9.11 以後の世界において善とは何か」とか、「3.11 以後の日本で人はいかに生きるべきか」というような、問いの"現在化"とでもいうべき操作が必要なのだ[154]。

　こうしたジャーナリスティックな問いの立て方を、否定しようというのではない。私たちの生きるこの「熱い社会」では、新しい出来事や状況こそが変わりゆく社会の方向を示したり、社会の変動の原因となったりするものなのだから、「新しさ」の価値は社会構造上の根拠ももっている。社会に対する新しい知識や、社会の新しい状況についての新しい見方や考え方は、現代社会を理解し、それに様々な形で関わり、そこから新しい社会を作りだしてゆくために役

---

[154] この仮想の問いにある「9.11」や「3.11」、あるいは「9.11 以後」や「3.11 以後」という表現を、私自身はまず使わない。ある日付に起きた単発的な出来事を言い表す表現としては便利だが、こうした表現はその出来事を他の類似の出来事から切り離して特権化したり、当該の出来事をめぐる状況の時間的広がりを捨象したりする機能があるからだ。社会学的に見れば、そうした特定の日付をもった事件は、その日付を越えた状況の構造の「露頭」であり、類似した他の出来事の中の一つに過ぎない。

に立つ。だがしかし、学問とはそうした「新しさ」や「現代性」に対応するだけの知なのだろうか。そしてまた、私たちが生きる社会はそんな「新しさ」や「現代性」だけによって理解できるものなのだろうか。

2.「新しさ」という制度
現代社会論

「現代社会論」というのが、社会学にはある。「〜というのが」という口語調の曖昧な言い方をしたのは、現代社会論が普通言う意味での社会学内の「分野」や「領域」と違ったあり方をするものだからだ。第1章で引用した見田宗介の『現代社会の理論』からの引用は、現代社会論のそうしたあり方をうまく要約しているので、ここで再び引用してみよう。

> 現代社会は、「近代社会」一般と区別されるような、「新しい」時代を展開するものとして、多くの人によって語られ、考えられ、感覚されてきた。じぶんの今生きている世界が、「近代社会」一般を特徴づけるさまざまなしるし――都市化や産業化や合理化や資本主義化――だけによっては語ることができず、時にそのいくつかのものを反転するようにさえ見えるさまざまなしるしの群れによってしか、核心の部分を正確に語ることのできないものとして、考えられ、感覚されているからである。
>
> このような現代社会の特質は、「ゆたかな」社会、消費社会、管理社会、脱産業化社会、情報化社会、等々として語られてきた。[155]

---

155 見田宗介『現代社会の理論』岩波新書版、ⅰ頁（定本版、2頁）.

「現代社会論」とは、この社会が、それに先立つ「近代」と呼ばれてきた時代の社会とは異なる「新しい社会」だという認識のもと、その「新しさ」を社会の総体の成り立ちに関わる新しいあり方として説明しようとする書物や論文のあり方なのだということを、この文章は示している。ゆたかさも、消費も、管理も、脱産業化がその一形態である物の生産も、そして情報も、広い意味ではどんな社会にも何らかの形で存在している。現代の社会の「新しさ」は、どんな社会にも見出されるそうしたものの、それまでになかった新しいあり方によって強力に規定されたものとして理解することができる。現代社会論はそのような想定の下に、この社会を対象化し、記述し、分析し、説明しようとする試みである。そうした「現代社会」の特質をなすとされるしるしの群れが、「人間の歴史の中で、初めて全社会的な規模と深度とをもって実現されたようにみえたのは、1950年代のアメリカ」であり、それゆえその時代と社会は「『現代社会』の古典時代ともいうべき時代／社会」なのだと、見田は言う[156]。

時間のスケール

　「現代」と「古典」が共存する「『現代社会』の古典時代」という言葉は両義的だ。

　本や論文の場合、「古典」とは古い本であるにもかかわらず、そこに学問の規範的な問いや考え方が記され、そこから新たな問いや思考を引き出しうるもののことだったが、ここで「古典時代」というのは、歴史的な変動の中で、その変動を越えて一定の期間通用しうる社会のあり方が典型的に実現された時代、という意味だ。「『現

---

[156] 同、2頁（定本版、6頁）.

代社会』の古典時代」という言葉が意味するのは、私たちが生きる「現代社会」を特徴づけるあり方が最初に現実化し、そのような社会が「現代社会」として語られた時代ということであり、その時代と社会に、私たちが生きるこの「現代社会」の原型ないし範型を見出すことができるということだ。社会とは変わってゆくものであると同時に、その基底の部分は一定の期間変わらないものである。そんな社会に対する理解が、「『現代社会』の古典時代」という言葉には示されている。(そしてそれは、もう半世紀以上も「昔」のことなのだ。)

　社会のなかの「変わるもの」と「変わらないもの」についてレヴィ＝ストロースは、歴史記述における「コード化」、つまりどれくらいの時間の尺度で歴史を対象化し、記述するのかということをめぐる問題として、次のように述べている。

　それゆえ歴史的生成を考えるとき、一万年もしくは十万年単位でコード化される先史時代にはじまり、つづいて紀元前四千年ないし三千年から千年単位の尺度をたどり、つぎには世紀単位の歴史の形をとって、さらに筆者の好みしだいで一年単位、一日単位、場合によっては一時間単位の歴史の薄片をはさみ込んだ連続的進展と見るのは幻想であるのみならず矛盾でもある。これらの日付のすべてが一集列を形成しているのではない。それらは異なるいくつかの種に属している。一つだけ例をあげておこう。われわれが先史時代について行っているコーディングは、近代史もしくは現代史に使われるコーディングの前おきではない。コードはそれぞれ一つの意味体系に対応する。そしてその意味体系は、少なくとも理論的には、潜在的に人類の歴史の全体に適応できるものなのである。一つのコードにとって意味のあることは他のコードにとっても意味があるということにはならない。先史学の体系の

中でコード化されるならば、近代史・現代史のもっとも有名な出来事といえども関与的ではなくなってしまう。例外はおそらく(しかもそれについてはわれわれにはまったく何もわからないのだが)、全地球的スケールの人口変動の大規模な様相のいくらかと、蒸気機関、電気、原初力の発明くらいであろう。[157]

必ずしもわかりやすい文章ではないが、ようするに歴史を対象化する際に用いる時間のスケールに応じて、大きな時間尺度で記述される歴史と、小さな時間尺度で初めて有意味なものとして見出され、記述される歴史とがあるのだから、それらを同一の単線的な集列(セリー)としてみるのではなく、異なるコーディングによる並行する集列群として見なくてはならないのだということが、ここでは語られている。

　人間の歴史を異なる倍率の拡大鏡で見るとしよう。歴史の全体を視野に収めるような低倍率のレンズなら、そこに見えるのは火の獲得とか農耕の開始とか、民族の大移動とか、エルサレムやローマのような長い歴史をもつ都市のあり続ける様が見えるだろう。倍率をあげていくと国家の成立なども見えてくるかもしれないが、王朝の交代や王の代替わりは、もっと倍率をあげないと見えてこない。ましてや、ある戦争の開始から終結までの細かいプロセスなど、もっとずっと倍率をあげないことには見えてこない。ただし、高倍率のレンズで見る時には、低倍率のレンズでは見えていた歴史の巨視的な変化は背景化して見えなくなる。レヴィ゠ストロースが述べているのは、そういうことだ。

---

[157] 『野生の思考』、前掲訳書、313-314 頁.

3. さまざまな時間、さまざまな社会
社会の時間の波長

　だがそれは、単に歴史を観る眼の倍率の問題ではない。そうした時間の尺度をとったときに見えてくる、変動の異なるペースをもつ複数の層が社会にはあるということだ。そこには長期的に変化する層、言い換えれば短期的には変動しない／しにくい安定した様相を見せる層もあれば、ごく短期的に変動してゆく層もあり、それらの間に様々なペースで変化してゆく層がある。重さの違う液体や粒子が積み重なった流れのように、軽い表層はさらさらと早く流れ、その下のより重い層はもっとゆっくり流れ、底に近い部分はほとんど静止して見えるようにごくゆっくりとしか動かない。そんな異なる変動のペースと安定性をもった流れの諸層の積み重なりとして、社会は存在しているのだと考えてみよう。

　見田宗介はこうした社会の流れの積み重なりを、「流れ」ではなく「積み重なり」の方に焦点を合わせて、生命としての人間を基層に、言語と道具の獲得が生み出した第2の層、農耕の成立という第一次産業革命が生み出した第3の層、工業化を可能にしたいわゆる「産業革命」である第二次産業革命によって形成された第4の層、そして情報化を生み出した第三次産業革命を通じて形成されてきた第5の層からなる5層構造のモデルで捉えたうえで、それに対応する人間理解のモデルを次のように述べている。

　　どのように「現代的」な情報化人間もまた同時に「近代人」である。個我の意識や合理的な思考能力をもって世界と対峙する力、時間のパースペクティブの中で未来を見とおす力を身にそなえている。どのような「近代人」もまた特定の「文明」の人間である。ヨーロッパや日本や中国やインドやアラブの文明圏の、幾千年に

もわたって熟成されてきた言語や文化や感性によって色づけられた精神の地層をどこかに持っている。どのような「文明」の人間もまた、原初以来の「人間」という類に普遍する、言語能力と制作能力、社会感情というべき心性と能力と、これを支える身体特性を共有している。そしてどのような先端的な「現代」人間も、食べること、飲むこと、呼吸することなしには生きつづけることはできないし、生命潮流の増殖する衝動によって活性化された感受性をもって、世界を美しいものとして彩色する力をその存在の核心部に充填されている。[158]

この5層は、下のものほどゆっくりと変動し、上にいくに従ってより速く変動してゆく部分を含む。もちろん、個々の層の中にも速度の異なる部分があるし、同じ層に属すものでも地域や集団によっても変わりやすさや変動の速さは異なっている。こうした歴史の共時的な複線性について、日本民俗学の創唱者・柳田國男は次のように述べている。

　前代というものは垂氷(つらら)のように、ただところどころにぶら下がってきているのではないか。たとえば松の火を燈火にしている山村は、現に今度の戦争中〔＝第二次世界大戦中：引用者注〕まであった。松の火より以前は考えられないから、これは上代の生活形態だというと、それは足利時代をずっと通りこして、土地によっては昭和の世まできている。燈火の時代別などはできるものではないが、それは決して物質生活に限らず、婚姻でも氏族組織でも、ある土地はすっかり改まり、他のある土地では以前のままでいる。

158　見田宗介「人間と社会の未来」『社会学入門—人間と社会の未来』岩波新書、2006年、161-162頁（『定本 見田宗介著作集Ⅶ　未来展望の社会学』岩波書店、2012年、16-17頁）．

時代区分などはなく、ただ順序があるのみである。[159]

柳田のこの言葉を解説して内田隆三は、「物や、身体や、言語の現象のなかに、いくつもの重なり、累積する時間が現れる」のであり、それは「過去の時間を持ち越して存在する大きな『現在』」[160]なのだと言う。しかもそこでは、「日本」と呼ばれる同じ（と見なされる）社会のなかでも、「ある土地はすっかり改まり、他のある土地では以前のままでいる」という「時間差」があるのだ。

社会は古いか、新しいか
さらに言えば、社会の歴史的な変化を単一の方向性をもった流れや積み重なりとして考えていいのか、という問題もある。

レヴィ＝ストロースは、通常「未開」といわれる社会、つまり、より「発展」した「近代社会」や「現代社会」よりも歴史的に「遅れた」段階にあるとみなされる社会も歴史の中に存在しており、「その過去はわれわれの過去と同じほど古い」という、考えてみれば当然のことに注意を喚起している。

> というのは、〔どんな社会の歴史も：引用者注〕人類の起源にまで溯るのでありますから、数千年の間にこれらの社会はあらゆる種類の変貌を蒙り、危機と繁栄の時代を通って来ました。戦争、移動、冒険を経験いたしました。しかし、これらの社会は、われわれが選んだのとは異なった道に専門化いたしました。おそらくこれらの社会は、いくつかの点ではごく昔の生活条件に近いまま

159　柳田國男「民俗学から民族学へ」、宮田登編『柳田国男対談集』筑摩書房、1992年、299-300頁．ただしここでの引用は、内田隆三『柳田国男と事件の記録』講談社選書メチエ、1995年、41頁からの重引．
160　内田、同書、44頁．

にとどまっておりましょう。ということは、他の関係においては、われわれ以上に昔の生活条件から遠ざかるということを斥けはいたしません。[161]

「未開」と呼ばれる社会は過去の社会ではなく、「現在も生きている現実の社会」[162]で、私たちの社会と同じ長さの過去をもち、その間に直面した様々な出来事に対処してきたのだが、その対処の仕方と、その結果として存在する社会の在り方は、私たちの社会とは異なっている。地球上のすべての領域と、そこに存在するあらゆる人間の集団がみな同じ方向で同一の歴史をたどっているのでない。私たちが「進歩」や「歴史」と考えているのは、多様な方向性をもつ社会の適応の過程と結果の、ひとつの可能な形にすぎない。だから、ある社会の通時的な変化については「古さ」と「新しさ」ということを言えても、共時的に存在する様々な社会の間に見出される差異を「進歩した社会」と「未開の社会」という通時的な差異に"翻訳"することはできない。レヴィ゠ストロースがここで──そしてまた、他の様々な場所で──語っているのは、そういうことだ。

多層性と多様性
　社会の中に変化の速度の速い部分とそうでない部分があるように、社会学にも変化の速い部分に照準したものと、そうでない部分を捉えようとしたものがある。一般に「古典」と呼ばれる本や論文は、書かれた当初の意図はどうあれ、そしてまた直接対象とした事象が速い速度で変化するものであったとしても、表層的な様相の変化を

161　「人類学の課題」、前掲訳書、218-219頁.
162　Claude Lévi-Strauss, *Anthropologie structurale*, Plon, 1958. ＝荒川幾男・生松敬三・川田順造・佐々木明・田島節夫訳『構造人類学』みすず書房、1972年、126頁.

越えて変わらない社会の在り方やメカニズムを捉えることができた本や論文なのだ。対象や答えは古びても、そこで用いられた方法が古びていないということもある。そのようにして古びない部分をもちつづけていることが、「古典」の条件である。他方、変化の速い層における「新しいこと」は、すぐに「古いこと」になってしまうから、そうした「新しいこと」だけをすくい取った本は、すぐに「古い本」になってしまう[163]。

ここでは社会とそれについての本の「新しさ」、「古さ」についてもっぱら考えてきたが、地球上の異なる場所の、異なる文明や文化に属する社会と、それらについて書かれた本についても同様のことが言える。アラブの社会やラテン・アメリカの社会は「私たちの社会」とは違うと言うこともできる。また、そうした他の社会に私たちは「遅れたもの」や、逆に「進んだもの」を見て取ってしまうこともよくあるが。だが、そんなとき私たちは、異なる文化・文明はその本質において異なる通約不可能なものだとして、それを神秘化したり恐怖したりする「オリエンタリズム」と類似の罠や、どんな社会も一つの方向に進歩していくはずだという進歩主義の罠にはまっているのだ[164]。

今ここにある「現代」を問うことは大切だ。だが、「今、なぜ」という問いが孕む「新しさ」や「現代性」への強迫は、社会の多層性と多様性についての思考と想像力の羽ばたきを抑圧し、それによって「現代」への思考と理解をも浅薄にしてしまうことがある。私

---

163 「新しいこと」だけをすくい取っているために「すぐ古くなる本」が"駄目な本"だというのではない。そうした本は、その時々に役に立つのみならず、その時代と社会のスナップショットのようなものとして、それが古くなってから後も歴史的な意味をもつからだ。
164 進歩主義批判についてはここまで参照してきた『野生の思考』や『今日のトーテミスム』などのレヴィ=ストロースの著作を、オリエンタリズム批判については Edward Said, *Orientalism*, Georges Borchardt, 1978. ＝板垣雄三・杉田英明監修、今沢紀子訳『オリエンタリズム』平凡社、1986 年．→平凡社ライブラリー版、上下巻、1993 年などを参照。

たちの生きる社会は「新しさ」や「現代性」だけでできているのでもなければ、特定の「文化」や「文明」や「地域」に限定されたものだけでできているのでもない。社会学は、歴史学や人類学や地理学と共に、そんな人間の社会の多様性と多層性へと私たちの思考と想像力を解き放つ力をもっているのだ。

第10章 都市の"重なり"を読み解く

1. 諸層を読み解く

　第9章で社会における時間の尺度の違いを、社会の歴史が生み出した重層的で複線的な構造にもとづくものとして考えた。「人間をその〔＝歴史的に形成されてきた重層構造の：引用者注〕切り離された先端部分のみにおいて見ることをやめること、現代の人間の中にこの五つの層が、さまざまに異なる比重や、顕勢／潜勢の組み合わせをもって、〈共時的〉に生きつづけているということを把握しておくこと」[165] を、なにより重要なこととして見田が強調するように、社会の中で異なる時間的尺度をもつ複数の層は、私たちが生きる現在の社会において——そしてまた、過去に存在した社会やこれから存在する社会においても——共時的に重畳する複数の社会性の層として存在する。

　このことは私たちが社会について考える際に、これらの層のすべてからなる全体を対象としなくてはならないということを意味するわけではない。社会がそうした重層的な複層構造をもつことを知っておくことは大切だ。だが、社会の現実の様態を具体的に対象化し、記述し、分析し、考察するときには、多くの研究者はその中の特定の層や、その内部に複数の層を含むけれどそれ自体としては特定化された領域や事象を対象としたりする方が普通である。研究の深さ

165　見田宗介「人間と社会の未来」、前掲岩波新書版、162頁（定本版、17頁）.

や精度という点でも、その方が望ましいことが多い。ここで「それ自体としては特定化された領域や事象」とは、たとえば都市化とか少年犯罪とかサブカルチャー等の、そしてまたその中の特定の様相や事件やトピック等の、対象領域や事象のことである。第4章でも述べたように、社会学と、経済学や政治学や法律学といった他の社会科学の違いを説明する際に、「社会の中の特定の領域や活動を対象とする他の社会科学と違い、社会学は社会の全体をまるごと対象とする」といった説明がなされることがある。それは大ざっぱな記述としては必ずしも間違いではないが、一部の理論的な著作や論文[166]を除けば、社会学の個々の本や論文は社会の中の特定の層や領域を対象としている。

「社会（学）を読む」こととの関係で言えば、「社会」や「社会学」という言葉から多くの人が通常連想するであろう層や領域、たとえば地域とか組織とかマスコミュニケーションとか様々な社会問題とかが見いだされる層や領域以外の様々な層や領域や事象のなかに、社会学は〈社会〉や〈社会的なもの〉を見いだす。そしてまた、「社会」や「社会学」という言葉から人が通常連想する上記のような層や領域や事象の中にも、複数の重層する層が含まれていることを、社会学は明らかにする。

この章では、社会学が〈社会〉や〈社会的なもの〉を見いだすそうした複数の層という点から「社会（学）を読む」ことについて、何人かの論者の文章を手がかりに考えてみることにしよう。

---

166 コントやスペンサーなどの社会学草創期のいわゆる「綜合社会学」は、社会の「全体」をそのまま対象としようとした。マルクスとエンゲルスの史的唯物論も、生産様式を基盤として社会の「全体」を理解しようとするものだが、『資本論』はそうした全体のなかの基盤となる資本の運動の層に対象をしぼっている。現代社会学において何らかの仕方で社会の「全体」を対象とした代表的な論者として、タルコット・パーソンズ、ニクラス・ルーマン、アンソニー・ギデンズ、吉田民人などがある。

2. 都市の読み解き方
生態系としての都市

第6章で引用したパークの次の言葉を、ここでもう一度読んでみることからはじめたい。

> この論文の観点からいえば、都市は、単に個人の集まりでも道路や建物や電燈や軌道や電話などの社会的施設の集まりでもなく、それ以上の何ものかである。また、法廷や病院や学校や各種官公庁などの制度物や行政機関の集まりだけでもなく、それ以上の何ものかである。むしろ都市とは、心の状態であり、慣習や伝統や、またこれらの慣習の中に本来含まれ、この伝統とともに伝達される、組織された態度や感情の集合体である。いいかえると、都市は単なる物質的な機構でもなければ人工的な構造物でもない。都市はそれを構成している人びとの活気ある生活過程に含まれており、いわば自然の産物、とくに人間性〔= human nature、つまり「人間の自然」：引用者注〕の所産なのである。[167]

この文章の少し後では、「交通と通信、鉄道と電話、新聞と広告、鉄筋建築とエレベーターなど」は、「都市の生態的組織における第一次要因」[168]であり、また、「われわれが通例都市と看做している多くのもの——たとえばその特権、フォーマルな組織、建造物および市電など——は、単なる人工的事実であるか、あるいはまたそういった類のものであろう。しかしこれらのものは、ちょうど道具が使われる場合と同じように、その使用とか常習によって、それが個

---
167 「都市」、前掲訳書、57-58頁.
168 同、58頁.

人や地域社会に内在する諸活力と結びついたときにのみ、あるいはその限りにおいて、はじめてそれ自身が有用物となり、偶発的機構は生きた都市の一部となるのである」[169] とも記されている。

　先にこのテクストを読んだときには、社会全般について見いだしうる多面性と多層性を「都市」に固有のことのようにパークが語っていることに注目した。だが、ここで再度読み返してみると、物的建造物、交通通信機関、制度や組織や機構、慣習や伝統、それに態度や感情など、それぞれ別々の対象——通常の学問分類では建築学、交通工学、政治学、社会学、民俗学、心理学などがそれぞれ対象とする——を無造作にあげているようで、じつは「個人や地域社会に内在する諸活力」、つまり生きている人間集団の活動性がそこに内含されることによって、私たちが「都市」と呼ぶ社会が文字通り重層的で複線的な立体的構築物としてそこから立ち上がるさまを、パークが表現しようとしていたことがわかる。

　パークは、人間の社会生活を支えると同時に、人間たちの生活によって社会的なものとして使われ、機能し、作動する、物的な装置や施設、社会的な制度や機構、そしてその中で集合的に生きられ、伝達され、伝承されてゆく意識や態度など、都市という社会の諸相を領域横断的かつ縦深的に、スキャンするかのように言語化していたのである。それは、自然環境の中での生物の住み分けを記述し、分析する生態学という学問をモデルとしていることと不可分の視点であろう。シカゴ学派の人間生態学は自然科学の社会学へのアナロジーとして批判されるところもあり、実際様々な理論的な不備や混乱もあるけれど、無機物と有機物、動物と植物が相互に関連して自然環境の安定的構造や動的過程を構成するように、物的なものと理

169　同、58-59頁.

念的なもの、個体的なものと集団的なものが全体として形成する構造と過程として社会を捉えるという人間生態学の視点は、私たちが社会の中で生きる多層性と複線性を考える上では、依然として有効である[170]。

交響曲、詩、都市

次に、やはり都市について、レヴィ゠ストロースが『悲しき熱帯』で述べた文章を見てみよう。

> それゆえ、すでに度々為されてきたことであるが、一つの都市は、一曲の交響楽や一篇の詩に擬える(なぞら)ことができるというのは、単なる比喩ではない。これらのものは、本質を同じくしているのだから。さらに、恐らくはもっと貴重なことに、都市というものは、自然と人工の合流点に位置しているのである。生物としての歴史を都市の環境の中に包み込み、同時に、思考する存在としてのあらゆる意図で都市を成形している動物たちの教団組織である都市は、その生成においても形態においても、生物学的繁殖と有機体としての進化と美的創造とに、等しく関わりをもっているのである。都市は、自然としては客体 objet であり、同時に文化としての主体 sujet である。個であり、集団である。生きられたものであり、夢想されたものである。いわば、優れて人間的なものなのである。[171]

詩的なレトリックによる比喩をもてあそんでいるように見えるか

---

[170] そうだとすれば、都市を人口学的変数に還元したワースの試みは、科学的な理論としての純化と引き換えに、人間生態学の豊かさを犠牲にしてしまったとも言えるだろう。
[171] Claude Lévi-Strauss, *Tristes tropiques*, Plon, 1955. ＝川田順造訳『悲しき熱帯』上、中央公論社、1977 年、190-191 頁. ただし、文中に一部原語を挿入した。

もしれないが、ここにはレヴィ゠ストロースが人間の社会を考える際の基本的な構図が、凝縮された形で示されている。

　都市を交響曲や詩に擬えることができるというのは、単にそれらがよく組織された全体をなしている点で似ているように見えるからではない。交響曲も詩も、自然に由来する音や声を素材としつつ、それらを楽音の音階や言語の音韻として分節化し差異化して[172]、操作し、調整し、全体へと組織するところに成立するものだ。交響曲にも詩にも、自然の素材を人為的な操作によって文化的な産物にする過程が介在しており、それによって自然界には存在しなかった表現の世界が作り出される。同じように都市も、生物種としてのヒトの群れが、その営みを人間の社会的な行為や関係として差異化し、空間的かつ時間的に構造化する場所[173]であり、そのために周囲の自然環境を素材として加工し、建築・建造し、エネルギーを取り出して利用するところに成立する。これらの点において都市と交響曲と詩は、その本質を同じくしているのだ[174]。

　生物としてのヒトの群れは、自分たちの生命の過程に文化的・社会的な形を与え、自分たちが作り出した物とシンボルに取り囲まれて、都市という社会を作り上げる。どんな都市も、モノ objet であると同時に社会的文化的な主体 sujet であるヒト＝人間の集合体であり、そこで人間はヒトとしての種の自然史的過程を生きると同時

---

[172] 楽音が音階に還元されるわけではないが、一般に音楽は音の連続的な高低を非連続な音程として分節し、差異化した音階をもつ。また言語は多様な音のスペクトルを不連続で差異化された音韻へと分節し、それを構成要素として語を作り出している。このとき、楽音も音声も、物——声帯も身体という物の一部である——に由来する「自然なもの」だ。
[173] 「空間的かつ時間的に」というのは、通勤・通学・買い物などの日常的な移動のように、一定の時間的なパターン＝構造をもつ行為や関係の空間的構造が存在するからである。
[174] 自然を素材として人間がどのように文化や社会を作り出すのかが、『親族の基本構造』から『野生の思考』を経て『神話論理』にいたるレヴィ゠ストロースの仕事の全体を貫く基本的な問いである。それはもちろん「社会とは何か？　それはいかに可能か？」という問いの変奏のひとつである。

に、文化と歴史を生き、個体性と集団性を生き、日々の現実と夢や理想を生きる。自然から差異づけられたものとしての文化と社会が、けれども常に自然を素材として生み出されること、そこでは人間は生物としてのヒトの個体と群れ、文化的・社会的存在としての人間の個人と集団を同時に生き、物質的な世界と、言語やシンボルが可能にする理念的及び想像的な世界をいつも同時に生きていることの典型を、レヴィ＝ストロースは都市に見出す。そこでは、自然科学的な意味での生態学や生物学が対象とするような生物的な社会性と、人文社会科学が対象とする人間の社会性とが、前者が後者を基礎づけ、後者が前者に働きかけるようにして重層している[175]。都市という社会は、生物性と文化性、物質性と理念性や想像性、個体性と集団性といった社会性の諸水準の共時的な組み立ての、通時的な持続と変容として理解することができるのだ。

3. 解剖標本と生きている社会
都市の様々な定義

マックス・ヴェーバーに『都市の類型学』という本がある[176]。その冒頭の「都市の概念と種類」と題された部分でヴェーバーは、広大な歴史的及び地理的な広がりの中に散在する幾多の都市を俯瞰しながら、パークやレヴィ＝ストロースよりも乾いた社会科学的な言葉で、それらを都市たらしめてきた社会性の様々な層を解剖する

---

175 この点においてレヴィ＝ストロースの人類学は、シカゴ学派の人間生態学と通底する。別の場所でも指摘したことだが、レヴィ＝ストロースは『構造人類学』で、シカゴ学派の都市研究に対して当初抱いた共感と、その後の失望について語っている。『構造人類学』前掲訳書、318頁。この点については、若林幹夫『都市のアレゴリー』INAX出版、1999年、116-117頁の注24や、若林幹夫「都市空間と社会形態」『岩波講座 現代社会学 第6巻 時間と空間の社会学』岩波書店、1996年、75-98頁も参照。
176 Max Weber, "Die Stadt", *Archive für Sozialwissenschaft und Sozialpolitik*, 47, 1921. → *Wirtshcaft und Gesellschaft: Grundris der verstehenden Soziologie*, J. C. B. Mohr, 1956. ＝世良晃志郎『都市の類型学』創文社、1964年.

かのように取り出している[177]。ここでその概略を、引用をまじえて見てみよう。

ヴェーバーによれば、「すべての都市に共通していること」は、「ともかく一つの（少なくとも相対的に）まとまった定住――一つの「聚落（オルトシャフト）」――であり、一つまたは数ヶの散在的住居ではないということのみ」であるに過ぎない[178]。この人口学的事実は、「家と家とが密接しているような」、「巨大な一体的定住」であるという居住と建築・都市空間上の特徴や、「都市以外の隣人団体（ナハバールフェアバント）に特徴的な・住民相互間の人的な相識関係が、欠けている」という社会学的特徴と結びついているのだが、どれほどの大きさに達したときにある定住が「都市」とみなしうるのかは一義的に定義できず、それぞれの都市が存在する文化的諸条件に依存している[179]。

そのように述べた後でヴェーバーは、都市の「経済的定義」の検討にむかう。経済的な意味で都市を都市たらしめているのは、「定住の場所における単に臨機的ではなく恆常的な財貨の交換が、定住者たちの営利及び需要充足の本質的な一要素として存在しているということ、すなわち市場の存在ということ」、つまり「市場定住」であることだが、市場の存在が「それだけで、市場の開設される場所を『都市』たらしめるわけではない」[180]。また、市場定住としての都市を成り立たせる産業も、遠隔地交易から地域内での交換経済まで、手工業から工場制の大工業まで多様な幅があり、それに応じて経済的な視点から見た都市の諸類型が示される。

だが「これまで論じてきた都市の経済的概念とその政治的＝行政的（アドミニストラティーフ）概念とははっきり区別されるべき」で、都市が特定の都

177　同、3-70頁.
178　同、3頁.
179　同、4頁. 以下、傍点による強調も上記訳書による。
180　同、5頁.

領域をもつことや、そこでの土地所有が多くの社会では農村とは異なる特別の地位をもつことや、異なる課税原理をもつことなどは、都市が政治的＝行政的な制度や場としても存在してきたことを示す[181]。そしてこうした都市の政治的＝行政的なあり方は、「古代にせよ中世にせよ、昔の意味での都市は、ヨーロッパの内外を問わず、特殊の要塞(フェストゥング)であり、衛戍地(ガルニゾーンオルト)であった」という、「政治的＝行政的都市概念にとって決定的な——純粋に経済的な分析とは全く無関係な——一つの標識」と結びついてきたのだが、「都市のこの標識は、現在では全くなくなっている」[182]、とヴェーバーは言うのである。

社会学の手段と目的

『都市の類型学』という標題に引きずられて読んでしまうと、こうした言葉を重ねることでヴェーバーは、類型化による都市の分類をしようとしているようにも見える。事実、ここで引用・参照した箇所よりも後の部分では、ヴェーバーは西洋の都市と東洋の都市、古代の都市と中世の都市の類型としての違いを論じてゆくのだから、そのような理解も必ずしも間違いとは言えない。だが、少なくともここまで見てきた部分では、分類や類型化それ自体よりも、都市という社会を構成する社会性の諸水準をスペクトル分解するように取り出すことに、主眼が置かれていると言うべきだろう。

都市という社会は、互いに見知らぬ人びとが、密集した住居で暮らす集合体であり、市場経済の場所であり、独自の領域をもつ政治的・行政的な単位であり、かつてはその領域を城壁によって防禦さ

---

181 同、25頁．
182 同、26頁．これに続けてヴェーバーは、この標識が過去においても必ずあったのではなく、たとえば日本においては都市の城壁は原則として存在しなかったことを指摘して、「行政的な見地からすれば、日本にそもそも『都市』があったかどうかを疑問視することもできる」と指摘している。

れ、その内側に農村とは異なる課税原理を有していた。個別には人口学や集団形態論、住居論や都市空間論、経済学や経済誌、政治学や行政学、軍事学などの対象となりうる諸側面をもつものとして、「都市」はある。だが、それらの側面のどれかひとつをもつだけでは、ある定住が都市であるには不十分である。また、それらの側面のどれかひとつだけに注目することによっては、都市という存在のある一面しか考えられない。だから「類型」として理解される都市の差異は、西洋中世に成立した「都市ゲマインデ（＝都市共同体）」について述べるヴェーバーの次の言葉が示すように、スペクトル分解によって取り出された都市の様々な社会性の諸側面の組み合わせによって分析され、概念として構成され、理解されなくてはならない[183]。

けだし、都市ゲマインデたりうるためには、少なくとも比較的強度の工業的・商人的性格をもった定住地であり、しかもさらに次の諸標識が当てはまるようなものでなくてはならないからである。すなわち、(1) 防禦施設(ベフェスティグング)をもつこと、(2) 市場をもつこと、(3) 自分自身の裁判所をもち、かつ――少なくとも部分的には――自分自身の法をもつこと、(4) 団体(フェアバント)の性格をもつこと、またこのことと関連して、(5) 少なくとも部分的な自律性(アウトノミー)と自首性(アウトケファリー)とをもっていること、すなわち、市民自身が何らかの仕方でその任命に参与するごとき官庁による行政ももっていること、これらの諸標識があてはまらなくてはならない。[184]

都市の社会性の層を切り分け再構成するヴェーバーの手つきは、都市の解剖標本を作るかのようだ。だが、パークやレヴィ゠ストロ

---

183 そのようにして構成された概念的なモデルを、ヴェーバーは「理念型 Idealtypus」と呼んだ。
184 同、42頁.

ースの言葉が示唆していたように、どんな解剖標本もそれらがまだ生きていたときには、生き生きとした生命と生活の過程のなかで、その諸層・諸側面が切断・剥離されることのない厚みや深みや広がりのあるものとして存在していたのである。社会性の諸層へと社会を分解し、それらの組み合わせによって類型を概念化すること自体は、社会学することの目的ではない。また、そのようにして構成された類型的なモデルに現実を配分して、「この都市は経済都市である」とか、「この都市は都市ゲマインデだ」とか言うことで都市を理解したようになることも、社会学のあるべきあり方ではない。なぜなら、どんな概念も類型も、多層的で複線的、個別的で集合的な生の過程である社会の生きられるあり方を記述し、分析し、理解するための手段であるからだ[185]。

生きている社会／生きられた社会

　この章の始めに述べたように、社会学者の個々の仕事は社会を構成する層の重なりの特定のものにもっぱら照準し、しかもそうした層の特定の部分や、そこで生じる特定の事態に対象を見定める。どんな社会学者も、そうした特定の領域や対象を主たる専門にしている。だがそれは、その領域や対象を分析し、考察し、理解すればそれでよいということではない。その領域や対象が社会の中で、他の領域や対象との間にどのような関係をもち、他ならぬその領域や対象を選ぶことで、人が社会を生きることの何がどのように見いだされ、理解できるのかということへの自覚なしには、本当に「社会学をしている」とは言えないだろう[186]。

185　誤解を避けるためにあえて述べておけば、『都市の類型学』のヴェーバーがそんな不毛な概念化や類型化をしていたというのではない。
186　可能性としては「社会学をしない都市社会学者」といったものも存在しうる、ということである。

読み手の側からみると、どんな個別の領域や対象に照準する社会学の本も、それが正しい意味で「社会学している」のならば、その領域や対象を選ぶことで、人が社会を生きることの何がどう明らかになるのかが、何らかの形で示されているはずなのだ。どんな個別の領域や対象をもつ本を読むときにも、それが社会のなかのどんな領域のどんな対象で、それが他の領域や対象とどのような位置関係にあるのかということを、どこかで考えておくこと。いや、さしあたりそれがわからなくても、その本が対象とする領域や対象が社会の他の領域や対象から独立したものではなく、他の領域や対象とともに生きられていることを忘れないこと。「生きている社会／生きられた社会」へのそんな感覚が、社会（学）を読むためには不可欠だ。そんな感覚をもって、社会学の概念と分析・説明の装置によっていったん解剖され、モデルとして構成された標本や模型を、「読むこと」を通じて「生きている社会／生きられた社会」へと折り返し、重ね合わせて「社会を読む」こと。それが「社会（学）を読む」ということなのだ。

第11章 物と交通
―― 社会の物質性、物質の社会性

1. 物質と社会
自然から愛まで

　オーギュスト・コントがクロティルド・ド・ヴォーと出会い、短い交流と彼女の死を契機に実証哲学にもとづく社会学から人類教へと向かおうとしていた頃、カール・マルクスとフリードリヒ・エンゲルスは、彼らの生前にはその一部が刊行されただけで未完に終わったにもかかわらず、哲学・思想史上のみならず社会学史上もきわめて重要な著作となる『ドイツ・イデオロギー』を共同で執筆していた。

　　人間史全般の第一の前提は、いうまでもなく、生きた人間諸個人の生存である。第一に確定されるべき構成要件は、それゆえ、これら諸個人の身体組織と、それによって与えられる身体以外の自然に対する関係である。われわれは、ここではもちろん、人間そのものの肉体的特質についても、また人間が眼前に見出す自然的諸条件、すなわち地質学的、山水誌的、風土的その他の諸関係についても、立ち入ることはできない。歴史記述はすべて、この自然的基礎ならびにそれが歴史の行程の中で人間の営為によってこうむる変容から、出発しなければならない。[187]

　人間は、意識によって、宗教によって、その他お望みのものに

よって、動物から区別されうる。人間自身は、自らの生活手段を
生̇産̇し始めるや否や、自らを動物から区別し始める。一歩の踏み
出し、これは彼らの身体組織によって条件づけられている。人間
は自らの生活手段を生産することによって、間接的に自らの物質
的な生そのものを生産する。[188]

　自然環境の中に生きる生物としての人間の生産労働に人間の歴史
と社会の土台を見いだすマルクスとエンゲルスの思想と、愛による
社会と人間の綜合を人類教として説いたコントの晩年の思想とは、
社会の存在を支える物質的な条件や過程から、そこで人びとの行為
や関係を意味づける意識や理念まで、その後の社会学が対象とする
ことになる領域の広がりを、社会学の始まりの時代においてすでに
示している。(そしてまた、彼らの思想と学問はそれぞれの仕方で、物
資的なものから意識的、理念的なものに至るこの広がりをカヴァーして
いる。)[189]

社会の物質性、物質の社会性

　社会学とは行為と関係を対象とする学問、あるいは社会集団につ
いての学問であると、しばしば言われることがある。たしかに、私
たちが「社会」と呼ぶものはどのようなものであれ人間の集団で、
その集団は構成員相互の働きかけとしての行為と、それによって生

187　Karl Marx & Friedrich Engels, *Die deutsche Ideologie*, 1845-46.= 廣松渉編訳・小林昌人補訳『新編輯版 ドイツ・イデオロギー』岩波文庫、2002 年、25-26 頁．ただし、上記訳書に示された手稿で削除された部分等は省略した。
188　『ドイツ・イデオロギー』、前掲訳書、26 頁．
189　清水幾太郎は『オーギュスト・コント』で、卒業論文のテーマとしてコントを選んだ理由を、当時の日本におけるマルクス主義の流行に抗して、マルクスと同時代のもうひとつの綜合的な社会理論としてコントの社会学を選んだのだと説明している。『オーギュスト・コント』、前掲書、13-15 頁．

み出される関係から成り立っているのだから、行為と関係、集団を対象とする学問という社会学の定義は、社会学が対象とするものを抽象的な水準ではほぼ過不足なく捉えている。そして、人間の行為や関係や集団が「思念された意味」(ヴェーバー)や「集合表象」(デュルケム)といった言葉で対象化される個別的および集合的な意識と共にあり、それらに支えられ、方向づけられてきたことも、『プロ倫』や『宗教生活の原初形態』以来、今日にいたるまで様々な社会学の本や論文が示してきた通りである。

　だがその一方で、どんな意識や理念も、そしてどんな行為や関係や集団も、生きた身体としての人間が、自然環境に始まり現代都市のような巨大で複雑な人工環境にいたる物質的な環境を生きるなかで、抱かれ、なされ、形成され、存在してきた。前章で見たパークやレヴィ＝ストロースやヴェーバーの言葉に示されているように、都市はそこに暮らす人びとの行為や関係や集団や意識としてのみあるのではなく、城壁や道路や建物や交通機関やコミュニケーション・メディアといった"物"と共にあり、そうした"物"を使い、"物"に支えられることによって存在することが可能になる。そしてもちろん、そうした"物"が建てられるのは、地球という巨大な"物"のごく一部の表層である。そんな都市や社会のなかで人びとは、身体という物としての自分を生き、食べ物を食べ、衣服を着、様々な道具や機械を使い、動物や植物を育て、ゴミや糞尿という廃棄物を出す。

　社会における物質性と、物質的なものの社会性は、「社会(学)を読む」ための、不可欠の観点のひとつである。それはマルクス主義的な唯物論(マテリアリズム)を受け入れるかどうかといったこととは、まったく別の次元の話だ。第7章で見た『プロ倫』のコーダの部分でも、ヴェーバーは「一面的な『唯物的』歴史観」を「これまた同じく一面的

な、文化と歴史の唯心的な因果的説明」と共に批判しつつ、両者ともに可能であり、かつまた必要であると述べていた[190]。

2. 間にあるもの
橋と扉

　ゲオルク・ジンメルに「橋と扉」という短い論考がある[191]。この論考を手がかりに、社会における物質性と物質的なものの社会性が、「社会（学）を読む」こととどう関わるのかについて考えてみよう。

　「外界の事物の形象はわれわれにとって両義性をもっている。すなわち、自然界においてはすべてのものは結合されているとみなすことができると同時に、すべてのものは分割されているとみなすこともできる」という言葉で、「橋と扉」は始まる[192]。自然界のすべてのものは「いっさいの個物をつらねてひとつの統一的全体(コスモス)をかたちづくっている」と同時に、あらゆる物体は「空間の無慈悲な分割の相のもとに閉じ込められ」て、「物体のいかなる部分もその空間を他の部分と共有することができ」ない[193]。だが人間は、こうした自然界の"分離しかつ統一されている"在り方とは異なる分離と統一を、世界の中に作り出す能力をもつ。

　　しかし人間だけは、自然とは異なり、結んだりほどいたりする

190　『プロテスタンティズムの倫理と資本主義の精神』、前掲訳書、下巻、249 頁。また、本書第 7 章も参照。
191　Georg Simmel, "Brücke und Tür", *Der Tag*, 15. 1909.＝酒田健一訳「橋と扉」酒田健一・熊沢義宣・杉野正・居安正訳『橋と扉』白水社、1998 年、35-42 頁．ジンメルにはこれくらいの長さの小論がたくさんあるので、この論考がとりたてて短いわけではない。
192　同、35 頁．
193　同、35 頁．今風の言い方をすれば、要素に注目した場合と全体に注目した場合のシステムの様相の違いを、ジンメルはここで述べている。

能力を与えられている。しかもそれは一方がかならず他方の前提をなすという独特なかたちにおいてである。われわれがあるがままの姿で横たわっている自然界のなかから二つの事物を選びだして、これらを「分割されている」とみなすとき、われわれはわれわれの意識のなかですでにそれらをたがいに関連づけ、両者のあいだに介在しているものにたいして両者をともどもにきわ立たせているのである。逆にまた、われわれに結合されていると感じられるのは、われわれがあらかじめなんらかのかたちで分離させておいたものだけである。[194]

　直接的な意味においてであれ象徴的な意味においてであれ、身体的な意味においてであれ精神的な意味においてであれ、われわれはつねに結合されたものを分割し、分割されたものを結合する存在者である[195]。

わかりにくい文章だが、自然という即自的な統一性と分割性をもつ世界に、人間は物理的に、あるいは象徴的に働きかけて、自然界には存在しなかった構造や意味を創り出すということだ。人間による世界のそうした分割と結合を象徴的に示すものとしてジンメルが見いだすのが、橋と扉である。

　自然のあり方にそくして言えば、川は陸地を分割しているわけではなく、大地の相対的に低い部分を水が流れているにすぎない。だが、人間はその流れる水の両岸の隔たりを、"そもそもは結合されていた陸地が川によって分割されたもの"と認識し、そこに橋を架けることで、この"見いだされた分割"を結合する[196]。このとき、

194　同、35-36頁.
195　同、36頁.

川に架けられた橋は、「われわれの意志の領域が空間へと拡張されてゆく姿」であり、また"分割を結合し、それをわたって行く"という身体的＝心的生活の過程を物として凝結させた固定像である[197]。ここでは自然界が人間の活動や意志のなかで意味づけられ、橋を架けるという土木工学的な作業と、架けられた橋を渡るという身体的活動を通じて、「分割されていたものが結合された世界」が〈社会的世界〉として生み出されているのである。ジンメルによれば、こうした分割と結合の原型は二つの場所をつなぐ道なのだが、「運動を凝結させてその開始と終結とをふたつながらに含む固定像をかたちづくる」というこの「道の奇蹟」の頂点を示すのが、「橋をかける行為」なのだ[198]。

そして、「分割と結合とはまったく同一の活動の両側面にすぎないことを、いっそう明確なかたちで表現している」[199]のが、扉である。

　　はじめて小屋を建てた人間は、はじめて道を作った人間と同様、自然には求められない人間固有の能力を示したのであって、彼は連続する無限の空間から一区画を切りとり、これをひとつの意味にしたがって或る特殊な統一体へと形成したのである。[200]

しかし扉は、人間のいる空間とその外側にあるいっさいのものとのあいだのいわば関節をなすことによって、ほかならぬこの内

---

196 「もしわれわれが両岸をわれわれの目的観念、われわれの欲求、われわれの想像のなかで結合していないならば、分割の概念は意味をもたないだろう」（同、37頁）と、ジンメルは述べている。
197 同、36-37頁.
198 同.
199 同、38頁.
200 同.

部と外部との分割を廃棄する。扉は開くことができるからこそ、閉ざされた扉が与える外界との孤絶感は、のっぺりしたたんなる壁が与えるそれよりも深い。壁は無言だが、扉は語る。人間は自己自身に限界をもうけるが、しかし自由をもって、すなわち、この限界をもふたたび廃棄してその外側に立つことができるという自由をもってこれをおこなうのであって、これこそ人間のもっとも深い本質に属する行為なのである。[201]

こうして橋と扉は、分割し結合するという人間の能力と、それにもとづく人間の生の在り方を、「具象的な形態のゆるぎない永続性」[202]へと移すのだ。

見えない橋と扉

橋と扉についてのジンメルの考察は社会学というよりも、哲学的な屁理屈のように聞こえるかもしれない。だが、よく考えてみると私たちは、世界のなかに様々な分断を見出したり、自ら分断を作り出したりしながら、様々な"橋"や"扉"によってそれらを結びつけたり、出入りを制御したりすることで、社会的諸関係を組み立てていることがわかる。

自然界に即自的に内在している動物は、自分たちと自然の間の隔たりを知らない。旧約聖書のアダムとイブの物語は、知恵（＝言語と道具）によって自然を対象化して、意識的な労働を始めたところに、動物の社会とは異なる人間の社会の歴史は始まるという寓話である[203]。この時、言葉と道具はヒトと自然とを分割するものであ

201　同、38-39 頁.
202　同、41 頁.
203　『旧約聖書』、「創世記」第 3 章.

ると同時に、人間と自然の新たな関係を媒介するものでもある。史的唯物論の公式的理解にしたがえば、上部構造としての言語は下部構造としての生産様式という土台の上に乗っているとされるけれど、言語もまた音声という物質を素材として人と人のコミュニケーションを媒介する道具であり、技術であると考えることもできる[204]。そしてその後の歴史のなかで、人間は言葉と道具を用いて様々な"橋"と"扉"を、物的にも象徴的にも作り出していった。

マーシャル・マクルーハンの『メディア論』の「道路と紙のルート」と題された章の冒頭の次の言葉をジンメルの「橋と扉」と結んで読んでみると、そうした人間の社会の歴史の概観をパノラマのように把握することができる。

　電信が到来して、はじめてメッセージのほうがメッセンジャーよりも早く着くようになった。これ以前は、道路と書かれたことばは密接な相関関係にあった。電信以来、はじめて情報が石とかパピルスとかのような固体から分離を遂げた。それより一足先に、貨幣が獣皮や金塊や金属などから分離を遂げ、最後に紙で終わったのと同じである。「コミュニケーション」という用語ははじめ道路や橋、海路、河川、運河などと関連して広義の用法をもっていたが、のちに電気の時代には情報の移動を意味するように変わってきた。たぶん、電気の時代の時代の性格を規定するのにこれ以上ないほど適切な方法は、まず「コミュニケーション（伝達）としてのトランスポーテーション（輸送）」という観念の生じてきたことを研究し、つぎにその観念が輸送から電気による伝達の

204　誤解がないように言っておけば、このように述べることで私は、史的唯物論による言語の基礎づけをしようというのではない。再度強調するが、社会の物質性と物質の社会性に注目することと、マルクス主義的な唯物論の立場をとることとはまったく別のことである。

意味に変わるのを研究することであろう。[205]

真ん中あたりの「道路や橋、……」の部分を、「橋と扉」と照応させることができるのはわかるだろう。交通の経路として作られたり、整備されたり、理念的に固定されたりしたこれらのもの——海路は海面上に人間が見いだし、理念的に固定した道である——は分離された領域を結合し、人や物や情報が行き来するコミュニケーションのネットワークと、それに支えられた集団間や集団内の構造を作り出す。これらのルートは"橋"であり、都市の城門や関所や港や空港は"扉"である。

ここで「電信が到来して、……」という最初の文にもどろう。電信に始まり、無線通信、電話、ラジオ、テレビ、インターネットと電気的・電子的なコミュニケーションのメディアが形成されてゆくと、情報はそれが刻まれる物から分離した"情報そのもの"となり——とは言えそれは、電気的・電子的なパターンに変換された文字や音響や画像という点で物理的なものなのだが——、物理的なルートでメッセンジャーが運ばなくても、メッセージは瞬時に送られるようになった。それは、そもそも具体的な物やその価値に依拠していた貨幣が、やがて"貨幣価値そのもの"を数字＝情報として表記した紙になっていった過程と同様だ、とマクルーハンは言う。(そして今や、クレジットカードや電子通貨によって貨幣はさらに情報化し、電子化している。) メディアと情報化をめぐるこうした歴史が示すのは、物理的なルートとそこを行き来する人や馬や車や船に担われていたコミュニケーション——それは同時にトランスポーテーションだった——から情報の伝達だけが分離して、ケーブルを伝わる電流

---

205 Marshall McLuhan, *Understanding Media: The Extensions of Man*, McGraw-Hill, 1964. ＝栗原裕・河本仲聖訳『メディア論―人間の拡張の諸相』みすず書房、1987年、91頁.

第11章　物と交通……141

や空間を伝わる電波という目に見えないルートがそれらの伝わってゆく橋となり、電信局や電話局や放送局、受信機や受像器、電話機や携帯電話、コンピューターなどの端末がその扉となっていったということである。

3. 電気的に拡張された人間は集合知の夢を見る
電気の時代

「道路と紙のルート」の最後の部分で、マクルーハンは次のように述べている。

アメリカは内陸の運河や河川用蒸気船を開発して大きな便益を展開したけれども、これは新しい工業生産の高速の車輪に対応するものではなかった。大陸の大きな距離を結ぶのはもちろん、機械生産に応ずるには、鉄道が必要であった。速度を増すものとして現れた鉄道はわれわれの身体の拡張のなかでもっとも革命的なものの一つであり、新しい中央集権体制と新しい都市の形態と規模を生み出すことになった。アメリカの都市の、抽象的な格子型のレイアウト、それに、生産、消費、居住の有機性を無視した分離は、ほかでもない、この鉄道のせいである。工業都市の抽象的な形態をかきまわし、その分離した機能をめちゃめちゃにして、設計者と市民の双方を挫折困惑させたのが、自動車である。そのあとは、飛行機が、都市空間そのものがどうでもいいものになるほどに、市民の移動性を増幅することによって、その混乱に輪をかけたのであった。電話、電信、ラジオ、テレビにとっても、都市空間は無関係である。都市設計者たちが理想的な都市空間を論ずるときに使う「人間の尺度(ヒューマン・スケール)」というものも、やはり同じように、これら電気形態にとっては無関係である。われわれ自身を電気に

よって拡張したものは、空間と時間をあっさり越えて、先例のない人間の関与と組織の問題を生み出す。われわれは自動車や超高速道路の素朴な時代をなつかしむかもしれない。[206]

マクルーハンにとってメディアとは人間の身体を拡張し、その結合と行動の尺度を形成し、統制するものである[207]。そしてメディアを理解するためには、メディアが伝達し、メディアによって表現される内容＝メッセージよりも、メディアによって行為や関係が媒介されることが社会の中に生み出すスケールやペースやパターンを理解することが重要であるという[208]。都市空間とメディアの歴史的変遷を語るこの文章は、人間の社会の歴史の中で交通を担う異なる速度やスケールやパターンをもつ様々なメディア——マクルーハンのメディア論では、乗り物も身体を拡張するメディアである——と、都市空間という道路や建物の複合体——それもまたメディアの複合体であり、集合的な社会的身体と言っていい——の間に齟齬や矛盾があり、それが「メディアのメッセージ」としての都市の形態やその混乱を生み出したことを指摘している。そして、物理的な身体の外延を超えて身体と社会的諸活動を拡張する電気的なメディアの登場によって、そんな「都市空間」という枠組みからも人間は抜け出すのだとマクルーハンは言う。

意識と存在

20世紀の初めにマックス・ヴェーバーは、化石燃料によって動く機械の歯車のなかの人間の運命についての憂鬱な予想をした[209]。

---

206 同、105-106頁. ただし、表記を一部改めた。
207 同、8頁.
208 『メディア論』、前掲訳書、3頁を参照。このことをマクルーハンは、"The medium is the message"——「メディアこそがメッセージである」——と表現した。同訳書、7-22頁.

そして半世紀ほど前にマクルーハンは、身体を電気的に拡張して機械から抜け出した人間の未来を理解するためには、機械の時代の思考と論理から脱しなくてはならないことを強調した。

> 機械の時代に、われわれはその身体を空間に拡張していた。現在〔マクルーハンの言う「現在」は1960年代である：引用者注〕、一世紀以上にわたる電気技術を経たあと、われわれはその中枢組織自体を地球規模で拡張してしまっていて、わが地球にかんするかぎり、空間も時間もなくなってしまった。急速に、われわれは人間拡張の最終相に近づく。それは人間意識の技術的なシミュレーションであって、そうなると、認識という創造的なプロセスも集合的、集団的に人間社会全体に拡張される。[210]

どこかで読んだことのあるような文章ではないだろうか。そう、今日インターネットやそれが可能にするという「集合知」をめぐる議論に、これはそっくりだ。だが、そうした議論を『ドイツ・イデオロギー』のなかの次の文章と結んでみるとどうだろうか。

> 人間たちの表象や理念等の生産者は、人間たちである。ただし、自分たちの生産諸力の一定の発展によって、またそれに照応する交通の一定の発展──交通の最上層まで及ぶ発展──によって条件づけられている、現実の行動している人間たちである。意識とは意識された存在以外の何ものでもありえない。そして、人間の存在とは、彼らの現実的な生活過程のことである。[211]

209　『プロテスタンティズムの倫理と資本主義の精神』下巻、前掲訳書、245-247頁．本書第7章。
210　『メディア論』、前掲訳書、3頁．
211　『ドイツ・イデオロギー』、前掲訳書、30頁．

ここで「交通 Verkehr」は、今日普通言う意味でのトランスポーテーションとしての交通に限定されない、コミュニケーションも含むトランスポーテーションとしての交通を意味する。マルクスとエンゲルスのこの指摘が妥当性をもつとすると、1960年代の電気的なメディアや現代のインターネットをめぐる議論も、それに媒介された私たちの生の過程に規定されている。電気の力によって機械の歯車から抜け出したとしても、電気的に拡張された人間はネットワークの中に棲み込んだ「最後の人びと」の自惚れの中にいるのかもしれない。

　そもそも、電気的なメディアが私たちの身体を社会性のある層で拡張したとしても、それは私たちが機械の歯車から完全に抜け出したことを意味しない。新しいメディアは人びとの間に橋を架け、扉を開くけれど、私たちの生きる身体が個別ばらばらに分離したものであることは変わらないし、私たちの社会に産業化が生み出した機械と共にある社会性の層がなくなったわけでもない。そして、そんな人間の条件のなかで、人は未来の夢を見る。

　これらのこともまた、「社会（学）を読む」ことが示しうることなのである[212]。

212　このことについては、佐藤俊樹『社会は情報化の夢を見る―［新世紀版］ノイマンの夢・近代の欲望』河出文庫、2010年．若林幹夫『〈時と場〉の変容―「サイバー都市」は存在するか？』NTT出版、2010年等を参照。

第12章 本の境界、本という境界

1. 情報と果実

「わたしの親しき友であるサン=ヴィクトルのユーグ」[213]、あるいは、「わたしの偉大な師であるサン=ヴィクトルのユーグ」[214]。

学校、医療、開発などに対するラディカルな批判やヴァナキュラーなものへの注目など多様な仕事で知られ、社会学にも大きな影響を与えた哲学者・思想家のイヴァン・イリイチはインタビューのなかで、12世紀フランスの修道院長をこのように紹介している。会ったこともない800年以上も前の人物をこんな親しみと敬意を込めて呼ぶことができるのは、彼が書物を通じてユーグと出会い、その思想に触れることができたからだ。だがそれは、本を通じてイリイチがユーグの著作や思想を情報として知ることができたからではない。

何を述べたいかわからないだろうか？　ユーグその人に会うことができない以上、私たちは残されたユーグの書物やユーグについて

---

[213] David Cayley (ed.), *Ivan Illich in Conversation*, House of Anansi Press, 1992. =高島和哉訳『生きる意味―「システム」「責任」「生命」への批判』藤原書店、2005年、157頁. ただし、訳書で「サン・ヴィクトルのフーゴー」と訳されている Hugh of Saint Victor は、「イリイチは彼のことをいつも〈ユーグ〉と呼んでいた」という岡部佳世の指摘に従って、この章ではすべて「サン=ヴィクトルのユーグ」とした。Ivan Illich, *In the Vineyard of the Text: A Commentary to Hugh's Didascalicon*, The University of Chicago Press, 1993. =岡部佳世訳『テクストのぶどう畑で』法政大学出版局、1995年に付けられた岡部の「訳者あとがき」、210頁を参照。

[214] David Cayley (ed.), *The Rivers North of the Future: The Testament of Ivan Illich*, House of Anansi Press, 2005. =臼井隆一郎訳『生きる希望―イバン・イリイチの遺言』藤原書店、2006年、104頁.

の研究書や百科事典——これは書物の形をとる場合も、そうでない場合もある——、インターネット上の様々なサイト(グーグルで検索すると、2012年6月17日現在で「サン゠ヴィクトルのフーゴー」で1,700件、"Hugh of Saint Victor"だと1,610,000件もヒットした!)などの情報を通じて知るしかないではないか!

確かに、私たちはユーグを情報によって知るしかない。だが、今日の社会で「情報」という言葉は、「物質・エネルギーの時間的・空間的パターン」で『事柄』の可能性に関して選択的指定をもたらす『知らせ』」というその一般的な定義[215]よりも狭い、情報を取り扱う特定の仕方と、それに適合するように加工された情報のあり方を指す言葉として用いられることが多い。そこでは「情報」は様々なデータソースの中に分散し、任意にそのソースから取り出され、コピーされ、利用されることが可能なもの、"本を読むこと"や"話を聞くこと"といった具体的な行為や関係から切り離して入力(インプット)したり、変換したり、出力(アウトプット)したりすることが可能な「内容(コンテンツ)」というニュアンスと共に用いられる。イリイチの言葉を借りれば、そこでは「コンピューターが知覚の根源的なメタファー」[216]となっているのだ。

だが、人がある人を「友」と呼び、「師」と呼ぶ時、そこで語られているのはその人についての「情報」ではなく、人格や人柄、生き方やあり方だろう。本を読むことによって情報を得るのではなく、書かれた言葉を読むことによって書き手の人格や人柄、生き方に触れること。その人の思考を、その人の存在から切り離し可能な知識や情報としてではなく、その生き方と不可分の息吹や運動性と共に

---

215 「情報」の定義は様々にあるが、ここでは『社会学小辞典〔新版〕』有斐閣、1997年によっている。
216 『生きる意味』、前掲訳書、359-360頁.

あるものとして受け取ること。ユーグについてイリイチが語るとき、示されているのはユーグその人の次のような読書論とも通じる、そんな読み方である。

> 書物のページについて語るとき、ユーグは、pagina〔「ページ」あるいは「ぶどう畑の一区画」を意味するラテン語：訳者注〕ということばが、「ぶどう畑」を、あるいはより正確に言って、「ぶどう畑の中の垣根状の通路」を意味することを念頭に置いています。かれはなおも、ぶどうの実を摘んで味わうように、ことばを摘んで味わっているのです。ページからことばの果汁を吸いとっているのです。それは文字通り、口と唇を使ったオーラルな活動なのです〔当時は音読が普通であったことを指す：引用者注〕。かれはなおもページの中を歩んでいるのであり、読書を一種の巡礼の旅ととらえています。²¹⁷

イリイチによれば、聖なる書物を果実のように味わうこうした「修道士の読書」は 12 世紀後半以降、テクストの内容を「著者の思想」として黙読する「学者の読書」にとって変わられてゆく²¹⁸。ユーグはそうした読書文化の転換の分水嶺に位置する人だ。だが、「ユーグを読む場合、わたしはいまだ古い世界にいることになります」²¹⁹とイリイチが言うように、ぶどう畑の通路を歩むように本と本の間を歩み、その果実を味わうように本の言葉に触れるという感覚は、私たちにとって必ずしも理解不能なものではない。

217　同、346 頁.
218　『テクストのぶどう畑で』、前掲訳書、103 頁. 知の形態と編成という点では「修道士の読書／学者の読書」の差異は重要だが、ここではその問題には立ち入らない。
219　『生きる意味』、前掲訳書、346 頁.

2. 本という物
声と文字

　この本でここまで、必ずしもたくさんというわけではないけれど、何冊かの本を参照し、引用しながら、「社会（学）を読むこと」について考えてきた。そこで私（たち）が、それらの本の著者たちの人格や人柄、生き方やあり方に触れてきたとまで主張しようというのではない。だがそこで私（たち）は、彼ら書き手たちの人格や人柄、生き方やあり方と切り離してコピーしたり、インプットやアウトプットしたりできる社会と社会学についての「情報」として、それらの本をとりあげてきたのでもない。イリイチの言葉を借りれば、そこで行ってきたのは、本を「著者の思想を蓄えたテクスト」が印刷されたものとして読むことであり、そうした「著者の思想」に寄り添って社会を読むことである。だがその場合でも、「著者の思想」は「著者その人」のあり方――社会や世界とのかかわり方――と切り離すことはできない。「社会学すること」は「社会学する人」と共にあり、社会学の本は「ある人が社会学したこと」の記録であり、痕跡である。

　第一章で私は〈社会学の本〉を、〈社会学すること〉の棋譜である、と述べた。

　イリイチによれば、12世紀のユーグの時代までは書物は、「声を出して読書する信仰厚き人々にとって譜曲として存在した」のだが、それ以後は私たちが知るように「論理的な思索者のための視覚的に組み立てられたテクストへと変貌した」[220]。ユーグは、声に出して読書する人の声を聴く誰もが「音の前に平等」な〈聖なる読書〉、「神、天使あるいは何者であれ、声の届く範囲にいる者を前にした〈礼

---

[220] 『テクストのぶどう畑で』、前掲訳書、x頁.

拝儀式〉」であるような読書を、万人が目指すべき学習の理想とした[221]。それに対してユーグの時代以降、黙読の普及により読書は文字の読める学者や聖職者のものになり、「学問上の議論は一層複雑かつ表現に富むようになり、目で理解するものの助けなしには進められなくなった」[222]。私たちの知っている〈社会学〉も〈社会学すること〉も、こうした文字の助けなしには存在しえない。

　その一方で、私が「棋譜」という表現を使うことで言い表したいのは、そのような「文字の文化」(ウォルター・オング[223]) に生きる私たちにとってもなお、書かれた文字によるテクストは思考の軌跡や痕跡なのであって、読むことを通じてその思考を新たに立ち上がらせ、運動させる必要がある、ということだ。この時、思想は声として公衆の前に現れるのではないが、内なる声として読書する私の、そして同じ本を読む時間と空間を隔てた人びととの間に繰り返し呼び出されるのだ。

読むことの身体性、本の物質性

　この本で私は繰り返し音楽の比喩を使ってきたが、ここで述べている書物と思考の関係は、音楽における譜面と演奏の関係によく似ている。「演奏とは、楽譜が読めない不完全な人間のためのものである」といった意味の著名な作曲家だか音楽学者だかの言葉をどこかで読んだ記憶があるのだけれど、音楽とはそもそも記譜されるようになる以前に歌われ、奏でられるものとしてあったはずだ。そして、ある時期からそれが譜面として書かれるようになり、それによって次第に複雑な表現が可能になっていったのだ。実際の演奏と、

221　同、88 頁.
222　同、99 頁.
223　Walter J. Ong, *Orality and Literacy*, Methuen, 1982. ＝桜井直文・林正寛・糟谷啓介訳『声の文化と文字の文化』藤原書店、1991 年.

譜面を読むことによって頭の中で"聴かれる"音楽のどちらが真正であるかはともかく、譜面という記号が、頭の中で鳴るのでも良い、ともかくも何らかの形の"音"として召喚されることなしには、それを音楽とは呼べないだろう。同じように学問的思考も、いかにテクストとして視覚化されようとも、それが読まれることで再び"声"——頭の中で語られるのでもよい——に変換されることによって、思考のダイナミックな身体性を獲得する用意をととのえる。

「用意をととのえる」と書いたのは、それを単に「一冊の本」として読むのでは、そこに記された思考は十分な律動や運動性を得ることができないからだ。ここまでの章で見てきたように、ある本に書かれたことは他の本に書かれたこととの関係の中にある。本を読むということ、とりわけ学問することとして本を読むということは、その都度手にした一冊の本を読むのではなく、ある本に書かれていることと他の本に書かれていることを結びながら読むことだ。どんな一冊の本を読むときも、テクストのぶどう畑の棚の間を歩むユーグのように、複数の本の間を歩みながら読むのだということである。「社会学を読む」とは、そんな「社会学のぶどう畑」で本を読み、それを通じて「社会を読む」ということなのだ。

前の章で物質的なものから社会について考えたが、こうした本の読み方は、文字の印刷された紙を折り、束ね、裁ち、製本した物として本が存在することによってはじめて可能になったことだ。思考が単に紙片の上で文字に記されるだけでなく、本という形の媒体に加工されることで、私たちはそれらを並べて読み、比べることができるし、自分の本であればそこに線を引いたり、書き込みをしたりすることもできる。個人の蔵書として集めて棚に並べたり、机の横に積み上げたりすることもできる。新刊書の書店や古書店や図書館で分類された書棚の間を歩いて背表紙を見て回り、それを取り出し

て眺め、購入したり、借り出したりすることもできる。本という物のかたちをとることで、思考は持ち運んだり、比較したりすることが可能になり、図書館に収蔵されて社会的に共有・共用することが可能になる。本の物質性と、その物としての形態が、それを読む読み方と共に、ある知のあり方を可能にするのだ[224]。

橋と扉をめぐるジンメルの考察を敷衍するなら、本は読み手と書き手をつなげる"橋"であり、書き手が記した事実や思考と読者をつなぐ"扉"である。そして一冊の本と他の本との間には、いくつもの"橋"や"扉"が設けられている。本を読むということは、一冊の本の扉を開き、橋を渡って書き手の記した事実や思考と出会い、そこからさらにいくつもの扉や橋を探しながら、それらに書かれた言葉とともに考えてゆくことなのだ。

3. 本という境界

社会学の鍵

本書の第2章で、社会学の「越境」ということについて述べたことを思い出して欲しい。そこで私は、実際のところ社会学は越境しているのではなく、ただ〈社会〉を対象にしているだけで、そうした社会学者の仕事や、通常は他の分野のものとされる本を〈社会学の本〉として読む社会学のあり方が、社会学を「越境」しているように見せるのだ、ということを述べた。

似たようなことは、他の学問分野でもしばしば見受けられるのだけれど[225]、社会学ではそうした「越境」がとりわけ頻繁に、"自由

---

224 音楽もまた、記譜されることで同様の時間性と空間性をもつことになった。ベートーヴェンは『ミサ・ソレムニス』の作曲にあたり、ルドルフ大公とロプコヴィッツ侯爵の図書室でグレゴリオ聖歌からパレストリーナ、ヘンデル、バッハにいたる過去の宗教曲を研究したという。
225 たとえば社会科学への生物学の越境としての社会生物学、物理学の経済学への越境としての経済物理学など。

自在"とも"融通無碍"とも形容したくなるような仕方で起こっているように見えるのも事実だろう。それは、〈社会的生物〉としての人間の営みは、どのようなものであれ常に社会の中にあり、そうした営みのほとんどはなにがしかの形で社会的な、つまり自然科学的な法則性によっては説明しつくすことのできない社会的な属性を帯びているからでもある[226]。

とは言えそれは、どんな本でも〈社会学の本〉として読むことができるということを意味するのではない。第5章で清水幾太郎のコント論を読みながら考えたように、ある本の中に「社会とは何か？

それはいかに可能か？」という問いを見いだすことができる限り、別の言い方をすれば、ある本の中にこの問いの変奏を聴き取ることができる限りで、私たちはそれを〈社会学の本〉として読むことができるのだ。

そしてまた、仮にその問いの変奏がある本のなかに見いだされなかったとしても、そうした問いと思考と共に読み解けるものが見いだせるならば、〈社会学の本〉としてではなくとも、ある本を社会学的に読むことができる。たとえばスポーツのルールブックを、身体的な挙動や複数の人間の活動を「正しい動き」と「正しくない動き」とに弁別し、それによって一定の秩序だった状態を作り出すための規範が記されているものとして読む時、あるいはまた料理の本を、自然に由来する「食物」を、ある文化や社会がどのような操作によって「調理されたもの＝料理」にし、TPOその他の意味づ

---

[226] 注225で触れた社会生物学は、それとは逆の方向から、どんな社会的な事象も生物としての人間の営みである以上、そのすべてではないが基本的な部分は生物学的な法則性によって説明されると考えるところに成立する。社会学と社会生物学の関係については、真木悠介『自我の起原―愛とエゴイズムの動物社会学』岩波書店、1993年などを参照、他方、経済物理学は物理学で洗練されてきた数理的手法を経済学に適用しようとするのであって、人間行動が物理法則に支配されていると考えているわけではない。

けをそこにどのように与えるのかという点から読むならば、それらはそこから「社会を読む」ことができる本になる。

この時、「社会とは何か？　それはいかに可能か？」という問いは、〈社会学の本〉や〈そこに社会を読むことができる本〉に出合うための、そしてまたそうした本に導かれてこの世界のなかの〈社会を読む〉ための、扉の鍵のようなものとしてある。社会学を学び、知るということは、社会学についての知識や情報を知ることなのではなく、そんな「鍵」を自分のなかにもち、それを使って社会学の扉を開き、橋を渡ってゆくことだ。そしてその鍵は〈社会学の本〉のなかに、読むことを通じて見いだされるものとして埋め込まれているのである。

本の時代の終わり？

　ユーグの時代を分水嶺として形成された「学者の読書」が、西洋の様々な学問機構の設立を正統化したとイリイチは言う[227]。

> しかし西洋社会は、この読書主義への信仰を、キリスト教への信仰と同じように、いままさに捨てようとしている。書物がこれら二つの信仰にとって究極の存在であるのをやめた時から、各種の学習センターは激増した。そしていつの間にか、画面が、マス・メディアが、従って「コミュニケーション」が、書物に、文字に、つまり読書に取って代わってしまった。[228]

> 挿絵とその解説書、漫画本、表、囲み欄、グラフ、写真、概説、他のメディアとの合成物は、人々に書物を、テキストブックすな

227　『テクストのぶどう畑で』、前掲訳書、ix頁.
228　同.

わち教科書として用いることを求めている。いままでの学究的読書が育ててきたものとは異なる方法を求めている。[229]

こうした現状認識に立ちながらイリイチは、「メディアにかかわる新しい習慣や、その習慣を形成した技術手法に対して批判を加えるものではない」し、同じように「書物愛好家のする読書に対して、その大切さと美しさとに疑問を投げかける」のでもないという[230]。新しいメディアは、私たちのコミュニケーションに新しい層を付加して、私たちの社会はいまやその層なしには立ちゆかないあり方をしている。だからといって、私たちの社会がその新しい層にすべて吸いとられ、取って代わられたというのでもない。

書物が学問を独占するかに見えた長い時代の黄昏を愛惜するかのような書物をイリイチは、当時の最新のワープロ・ソフトを使って執筆（？）したのだという[231]。私もまたこの本を、当然のようにパソコンのワープロ・ソフトで、時にインターネットで情報を検索しながら書き進めてきた。コンピューター技術は学問することに、確実に新たな層を付け加えていて、私たちは――少なくとも私は――その恩恵なしにはもう今と同じようには学問することはできないだろう。だがそれは「書物だけによって学問する時代」の終わりではあっても、「書物によって学問する時代」の終わりではない。むしろ、そうであるからこそ「本を読むこと」の意味と可能性が問われる、そんな時代と社会を私たちは生きている。

ここで「本を読むこと」と言うのは、物としての本を読むことに

229　同、x‐xi 頁.
230　同、xi 頁.
231　岡部佳世、「訳者あとがき」、前掲、209 頁。もっとも別のところで述べているように、イリイチはコンピューターに文章を入力する以前にまず、フェルトペンで原稿を書いていたようだ。『生きる意味』、前掲訳書、372-373 頁.

限定されない。それは、物としての本を読むことを核として形作られてきた思考の形、方法、作法を指す。イリイチの言い方をなぞれば、それは「知的活動の根源的メタファーとしての読書」であり、デジタル化された情報に対しても、私たちはそのメタファーを適用することができる。そのメタファーの下では、情報は検索され、選択され、処理されるのではなく、他のテクストとの関係において吟味され、そしてまた現実の多様な層との関係において読み直されていく。その時、「社会学を読むこと」は「社会を読むこと」、つまり「社会学すること」の手段であると同時に——「社会学すること」とは「社会学の本を読むこと」ではなく「社会を読むこと」なのだから——、「社会を読むこと」、「社会学すること」のメタファーとなる。

　「社会学を読むこと」は、本という橋と扉を通じて、私の思考を他者の思考へと開き、私たちの思考を私たちが生きている社会へと開いてゆくことだ。本は私の思考と他者の思考、私たちの思考と私たちが生きる社会とを結ぶ境界であり、私たちが社会を考えるときにそれを通って自身を越えてゆく境界なのだ。

あ と が き

　この本では「社会学の本を読むこと」を機軸に、「社会学的に社会を読み解く」とはどういうことなのかを、できるだけ実践的に示そうとした。この意味で本書は、文字通りの「入門書」である。本書を読まれた読者は――お読みいただき、ありがとうございます――、ただちに書店や図書館に向かい、あるいはご自分の書棚を見まわして社会学の本を手に取り、読み始めて欲しい。そして、その本を読むことを通じて導かれ、開かれる思考の場から社会を読み解いて欲しい。それでなければ、わざわざ1200円＋消費税分を払って本書を買った意味がない。

　第12章で紹介したイヴァン・イリイチの言葉のように、現代は、書物と学問の関係がそれ以前とは異なるものへと転換しつつある分水嶺の時代なのだろう。読書よりも「情報収集」が求められ、報告が「プレゼン」と呼ばれる時代。読むことが知識や情報の「インプット」、書くことや書かれたことが「アウトプット」とみなされて、書物や論文の内容が「コンテンツ」と呼ばれたりする時代。それが現代である。そんな時代に、本を読み、読むことによって考えることを学問の核として擁護しようという、反時代的かもしれない意図がこの本にはある。本書のところどころにどこか皮肉な感じがあるとすれば、それは私のそんな反時代的な苛立ちのせいかもしれない。

　本書を書くにあたり、意識した本が2冊ある。1冊は、第3章で紹介した許光俊『クラシックを聴け！』。許氏がクラシック音楽のキモと聴き方を大胆かつ平明に語るように、社会学のキモと読み方、考え方を言葉にしてみたかった。もう1冊は、大江健三郎『小説の方法』。読むことと書くこと、そしてそれによって考えること

の方法について、私に最初に教えてくれた本の 1 冊だ。「本を読む」とは「書かれた言葉を読むこと」、「書くことにより形を与えられた思考を読むこと」であり、「読むこと」と「書くこと」と「考えること」は不可分の関係にあり、それにはその方法についての意識が必要であることを意識するようになったのは、大学に入る前後にこの本を読んでからだ。本書は私なりの『社会学を読め！』であり、『社会学の方法』である。

　意識していた人びともいる。まずは、大学でこれまで私の講義や演習に参加してきた学生たち。彼らとやり取りし、あるいはまた彼らを観察して書物と学問について考えることなしには、こうした本を書くことはなかっただろう。それから、学部・大学院を通じてお世話になった山本泰先生。いつだったか先生がボソリと呟いた、「結局、社会学って"人と学問"なんだよね」という言葉を、先生はもう忘れているだろうとは思うけれど、この本を書いている途中で私は何度も思い出していた。他にも、いちいち名前を挙げることは差し控えるが、沢山の方々とのこれまでの交流の記憶と痕跡が、この本のそこかしこに響いている。

　最後に、私の最初の本とそれに続く共著の仕事でご一緒して以来、20 年振りにまた一緒に本を作ることができた弘文堂編集部の中村憲生さんに、小・中学校の旧師にお礼を述べるような気持ちでお礼を申し上げる。

2012 年 7 月
若林幹夫

【著者紹介】
若林 幹夫（わかばやし みきお）

　早稲田大学教育・総合科学学術院教授。1962年生まれ。東京大学大学院博士課程中退。博士（社会学）。筑波大学教授等を経て2005年より現職。2008年、メキシコ、エル・コレヒオ・デ・メヒコ客員教授。専門は都市論・メディア論・時間論・空間論など。主な著作に『熱い都市　冷たい都市』（弘文堂、1992年）、『メディアとしての電話』（共著、弘文堂、1992年）、『都市のアレゴリー』（INAX出版、1999年）、『漱石のリアル―測量としての文学』（紀伊国屋書店、2002年）、『社会学入門一歩前』（NTT出版、2007年）、『郊外の社会学―現代を生きる形』（ちくま新書、2007年）、『増補　地図の想像力』（河出文庫、2009年）、『〈時と場〉の変容―「サイバー都市」は存在するか？』（NTT出版、2010年）など。時間性と空間性の不可分な構造から社会について考えることが、これらの仕事を貫くテーマである。

社会(学)を読む

平成24年10月15日　初版1刷発行　　　　　現代社会学ライブラリー　6

著　者	若林　幹夫	
発行者	鯉渕　友南	
発行所	株式会社 弘文堂	101-0062 東京都千代田区神田駿河台1の7 TEL 03(3294)4801　　振替 00120-6-53909 http://www.koubundou.co.jp
装　丁	笠井亞子	
組　版	スタジオトラミーケ	
印　刷	大盛印刷	
製　本	井上製本所	

©2012　Mikio Wakabayashi. Printed in Japan

JCOPY ＜(社)出版者著作権管理機構 委託出版物＞

本書の無断複写は著作権法上での例外を除き禁じられています。複写される場合は、そのつど事前に、(社)出版者著作権管理機構（電話 03-3513-6969、FAX 03-3513-6979、e-mail: info@jcopy.or.jp）の許諾を得てください。
また本書を代行業者等の第三者に依頼してスキャンやデジタル化することは、たとえ個人や家庭内の利用であっても一切認められておりません。

ISBN978-4-335-50126-5

現代社会学ライブラリー

各巻平均160ページ、本体価格1200円　＊タイトル・刊行順は変更の可能性があります

【刊行予定】

1.	大澤 真幸	『動物的／人間的――1. 社会の起原』	＊既刊
2.	舩橋 晴俊	『社会学をいかに学ぶか』	＊既刊
3.	塩原 良和	『共に生きる――多民族・多文化社会における対話』	＊既刊
4.	柴野 京子	『書物の環境論』	＊既刊
5.	吉見 俊哉	『アメリカの越え方――和子・俊輔・良行の抵抗と越境』	＊既刊
6.	若林 幹夫	『社会(学)を読む』	＊既刊
7.	桜井 厚	『ライフストーリー論』	＊既刊
8.	武川 正吾	『福祉社会学の想像力』	＊12月刊
9.	大澤 真幸	『動物的／人間的――2. 贈与という謎』	＊12月刊
10.	赤川 学	『社会問題の社会学』	＊12月刊
11.	佐藤 健二	『論文の書きかた』	＊12月刊
12.	島薗 進	『スピリチュアリティと現代宗教の変容』	＊12月刊

【続刊】

大澤 真幸　『動物的／人間的――3. 社会としての脳』
奥井 智之　『恐怖と不安の社会学』
石原 俊　『〈群島〉の歴史社会学』
大澤 真幸　『動物的／人間的――4. なぜ二種類(だけ)の他者がいるのか』
佐藤 卓己　『プロパガンダの社会学』
竹ノ下 弘久　『仕事と不平等の社会学』
西村 純子　『ジェンダーとライフコースの社会学』
....
市野川容孝、内田隆三、奥村隆、北田暁大、木下直之、佐藤嘉倫、土井隆義、藤村正之……ほか執筆予定

信頼性の高い21世紀の〈知〉のスタンダード、ついに登場！
第一級の執筆陣851人が、変貌する現代社会に挑む

現代社会事典

2012年11月刊行予定

【編集委員】大澤真幸・吉見俊哉・鷲田清一　　【編集顧問】見田宗介

【編集協力】赤川学・浅野智彦・市野川容孝・苅谷剛彦・北田暁大・塩原良和・島薗進・盛山和夫・太郎丸博・橋本努・舩橋晴俊・松本三和夫

現代社会学ライブラリー【既刊】

第1巻　大澤真幸【著】『動物的／人間的——1. 社会の起原』
人間とは何か。人間の〈社会〉が、動物の「社会」と異なるのはどこか？　哲学・進化論生物学・動物行動学・霊長類学・自然人類学などの知見と切り結び、人間の本質に迫る。渾身の力作、待望の第1巻。大澤社会学の新たな挑戦が始まる。

第2巻　舩橋晴俊【著】『社会学をいかに学ぶか』
講義ノート／読書ノート／発見・発想ノートの作り方から、よい論文の書き方まで、豊富な経験に裏打ちされた手法を伝授。社会学の基礎や思考法が、驚くほどよく理解できる。学問の入口で、まず読んでおきたい1冊。

第3巻　塩原良和【著】『共に生きる——多民族・多文化社会における対話』
「いかに生きるか」という課題に、どう向き合うか？　異なる文化を生きてきた他者に出会い、共に生きる。そういう社会に、わたしたちは暮らしている。従来の「多文化主義」を乗り越え、対話と協働による新しい「共生」を考える。

第4巻　柴野京子【著】『書物の環境論』
本とどのように出あうのか？　出版のデジタル化やインターネット書店は、「本の世界」をどう変えようとしているのか。産業としての出版・物としての本は、どのような現実のなかにあるのか。本の世界に起きていることを、知りたい。

【社会学の本】 好評既刊

1. 大澤真幸【著】『現代宗教意識論』
四六判 332頁　定価（本体2000円＋税）
社会は宗教現象である。宮﨑勤事件、オウム真理教事件、酒鬼薔薇事件、秋葉原事件など、ポストモダンの現在における社会現象や出来事を、宗教現象として解釈する。

2. 橋本 努【著】『帝国の条件——自由を育む秩序の原理』
四六判 504頁　定価（本体3500円＋税）
9.11以降に、もう一つの世界は可能か？ 2011年9月11日のニューヨーク、テロ事件に遭遇した気鋭の社会学者が、「善き帝国の世界」を構想する。倫理的実践の試み。

3. 橋本 努【著】『ロスト近代——資本主義の新たな駆動因』
四六判 432頁　定価（本体2200円＋税）
失われたのは「未来」だ。勤労精神の喪失、欲望の喪失。劣化していく日本社会。ポスト近代社会の煮詰まった停滞を破り、3.11後の危機を第二の文明開化へと転換する。

4. 米本昌平【著】『地球変動のポリティクス——温暖化という脅威』
A5判 272頁　定価（本体2400円＋税）
原発問題を地球規模で考えるための必読書。地球はいま、何をなすべきか？ 温暖化や原発に、どう向き合うのか。戦後精神離脱からの先鋭な文明論。

5. 舩橋晴俊【編】『環境社会学』
A5判 288頁　定価（本体2700円＋税）
労災・職業病、廃棄物問題、エネルギー政策、農業と食料、自然保護問題、環境自治体やNPOなど、公害問題から地球環境問題まで、環境問題の解明と探究に可能性をひらく。

6. 藤村正之【編】『いのちとライフコースの社会学』
A5判 298頁　定価（本体2200円＋税）
医療、生命保険、葬送、家族、音楽、年金、認知症、高齢化、健康など、誕生から死に至るまで、身近で切実なテーマを通して、現代社会と人々の生き方を社会学的に論じる。